DIREITO TRIBUTÁRIO DIPLOMÁTICO

COLEÇÃO FÓRUM DE
DIREITO TRIBUTÁRIO

COLEÇÃO FÓRUM DE
DIREITO TRIBUTÁRIO

Oswaldo Othon de Pontes Saraiva Filho
Coordenador

ARNALDO SAMPAIO DE MORAES GODOY

Antonio Paulo Cachapuz de Medeiros
Prefácio

DIREITO TRIBUTÁRIO DIPLOMÁTICO

Belo Horizonte

2012

© 2012 Editora Fórum Ltda.

É proibida a reprodução total ou parcial desta obra, por qualquer meio eletrônico, inclusive por processos xerográficos, sem autorização expressa do Editor.

Conselho Editorial

Adilson Abreu Dallari
Alécia Paolucci Nogueira Bicalho
Alexandre Coutinho Pagliarini
André Ramos Tavares
Carlos Ayres Britto
Carlos Mário da Silva Velloso
Cármen Lúcia Antunes Rocha
Cesar Augusto Guimarães Pereira
Clovis Beznos
Cristiana Fortini
Dinorá Adelaide Musetti Grotti
Diogo de Figueiredo Moreira Neto
Egon Bockmann Moreira
Emerson Gabardo
Fabrício Motta
Fernando Rossi

Flávio Henrique Unes Pereira
Floriano de Azevedo Marques Neto
Gustavo Justino de Oliveira
Inês Virgínia Prado Soares
Jorge Ulisses Jacoby Fernandes
Juarez Freitas
Luciano Ferraz
Lúcio Delfino
Marcia Carla Pereira Ribeiro
Márcio Cammarosano
Maria Sylvia Zanella Di Pietro
Ney José de Freitas
Oswaldo Othon de Pontes Saraiva Filho
Paulo Modesto
Romeu Felipe Bacellar Filho
Sérgio Guerra

Luís Cláudio Rodrigues Ferreira
Presidente e Editor

Revisão: Marcelo Belico
Bibliotecário: Ricardo Neto – CRB 2752 – 6ª Região
Capa e projeto gráfico: Walter Santos
Diagramação: Karine Rocha

Av. Afonso Pena, 2770 – 15º/16º andares – Funcionários – CEP 30130-007
Belo Horizonte – Minas Gerais – Tel.: (31) 2121.4900 / 2121.4949
www.editoraforum.com.br – editoraforum@editoraforum.com.br

G589d	Godoy, Arnaldo Sampaio de Moraes Direito tributário diplomático / Arnaldo Sampaio de Moraes Godoy ; prefácio Antonio Paulo Cachapuz de Medeiros. – Belo Horizonte : Fórum, 2012. 134 p. (Coleção Fórum de Direito Tributário, v. 4) Coordenador da coleção Oswaldo Othon de Pontes Saraiva Filho ISBN 978-85-7700-629-8 1. Direito tributário. 2. Direito internacional público. I. Título. II. Medeiros, Antonio Paulo Cachapuz de. III. Saraiva Filho, Oswaldo Othon de Pontes. VI. Série. CDD: 341.39 CDU: 336.2

Informação bibliográfica deste livro, conforme a NBR 6023:2002 da Associação Brasileira de Normas Técnicas (ABNT):

GODOY, Arnaldo Sampaio de Moraes. *Direito tributário diplomático*. Belo Horizonte: Fórum, 2012. 134 p. (Coleção Fórum de Direito Tributário, v. 4). ISBN 978-85-7700-629-8.

Também não oprimirás o estrangeiro; pois vós conheceis o coração do estrangeiro, pois fostes estrangeiros na terra do Egito.
(*Êxodo*, cap. 23, vers. 9).

SUMÁRIO

PREFÁCIO
Antonio Paulo Cachapuz de Medeiros 9

APRESENTAÇÃO
Oswaldo Othon de Pontes Saraiva Filho... 11

INTRODUÇÃO 13

CAPÍTULO 1
INSUMO DOUTRINÁRIO E CONCEITUAL 21

CAPÍTULO 2
O DIREITO TRIBUTÁRIO DIPLOMÁTICO NO CONTEXTO
DO ITAMARATY 31

CAPÍTULO 3
AS IMUNIDADES NA CASUÍSTICA INTERNACIONAL 55

CAPÍTULO 4
AS REGRAS DAS CONVENÇÕES DE VIENA, DA CONVENÇÃO
EUROPEIA SOBRE A IMUNIDADE DOS ESTADOS, DO *FOREIGN SOVEREIGN IMMUNITIES ACT* (ESTADOS UNIDOS) E DO *STATE IMMUNITY ACT* (INGLATERRA, 1978) 65

CAPÍTULO 5
INCIDÊNCIAS E NÃO INCIDÊNCIAS FISCAIS EM FACE DE
ESTADOS ESTRANGEIROS E DO PESSOAL DIPLOMÁTICO NO
DIREITO BRASILEIRO 73

CAPÍTULO 6
AS IMUNIDADES NO SUPREMO TRIBUNAL FEDERAL 85

CAPÍTULO 7
AS IMUNIDADES NO SUPERIOR TRIBUNAL DE JUSTIÇA 107

CONCLUSÕES 127

REFERÊNCIAS 133

PREFÁCIO

O professor Arnaldo Sampaio de Moraes Godoy, atual Consultor-Geral da União, autor de numerosas publicações que constituem referência obrigatória na esfera do Direito, oferece agora aos juristas e diplomatas brasileiros o livro intitulado *Direito tributário diplomático*. Trata-se de trabalho que preenche importante lacuna é fruto do período em que o professor Godoy dividiu comigo o ensino do direito internacional público no Instituto Rio Branco.

Os problemas que concernem ao direito tributário diplomático, notadamente de natureza prática, são de inequívoca atualidade: pode o INSS se recusar a dar certidão negativa de contribuição previdenciária não recolhida por embaixada estrangeira? Pode ser proposta execução fiscal contra embaixada estrangeira pelo não recolhimento do IPTU? Pode veículo de embaixada estrangeira ser recolhido pelo DETRAN como penalidade pelo não pagamento de multas de trânsito? Pode ser ajuizada reclamação trabalhista contra embaixada ou consulado, ou mesmo contra os agentes diplomáticos e consulares?

A vigência de isenções fiscais para missões e agentes diplomáticos decorre da Convenção de Viena sobre Relações Diplomáticas de 1961, ratificada e promulgada pelo Brasil.

Godoy considera Clóvis Beviláqua "pai fundador" do direito tributário diplomático, vez que elaborou vários pareceres, na qualidade de consultor jurídico do Itamaraty, sobre temas tributários em sua dimensão internacional.

Clóvis, com efeito, avançava, nas décadas de 1920 e 1930, em problemas e soluções que presentemente afetam o que se entende por direito tributário internacional.

Numerosos exemplos de aplicação ou não da isenção fiscal são apresentados por Godoy, tanto na esfera judiciária como na prática governamental brasileira.

O autor sustenta a necessidade da concepção de novo modelo, centrado no Itamaraty, com apoio da Advocacia-Geral da União, por meio da qual se busque formas alternativas de obter cobrança nas hipóteses de inexistência de situação identificadora de isenção.

Enfim, a leitura deste livro se impõe a todos que desejem melhor conhecimento do direito tributário diplomático, área pouco explorada pela doutrina no Brasil.

Antonio Paulo Cachapuz de Medeiros
Doutor em Direito Internacional pela USP. Consultor Jurídico do Ministério das Relações Exteriores.

APRESENTAÇÃO

Apresentar o renomeado jurista Arnaldo Sampaio de Moraes Godoy, bem como a sua mais recente obra, é tarefa totalmente desnecessária, motivo porque externaremos apenas algumas poucas palavras.

O eminente autor obteve o título de mestre em 2000, com dissertação inovadora, relacionando direito e literatura a partir de Monteiro Lobato, pela Pontifícia Universidade Católica de São Paulo. Pela mesma instituição, doutorou-se, em 2002, com tese sobre os usos da história no direito. Fez seus estudos de pós-doutoramento na *Boston University*, entre os anos de 2002 e 2003, na qualidade de *Hubert Humphrey Fellow*, pesquisando o direito norte-americano.

Além de professor universitário em cursos de graduação e pós-graduação em Direito, Arnaldo Godoy enobrece a carreira de Procurador da Fazenda Nacional, sendo um dos seus mais ilustres e admirados membros, exercendo, atualmente, o honroso cargo de Consultor-Geral da União, estando oferecendo, nessa instituição, como lhe é costumeiro, trabalhos jurídicos de magnífica qualidade científica.

O professor doutor Arnaldo Godoy tem publicado livros e artigos em periódicos científicos com surpreendente assiduidade, mantendo sempre a sua reconhecida qualidade em tudo que faz e escreve, tendo dado ênfase aos assuntos de grande interesse, mas pouco tocados na doutrina. A propósito, a Editora Fórum já teve a felicidade de lançar duas obras do autor: *A execução fiscal administrativa no direito tributário comparado*, em 2009; e *Transação tributária*: introdução à justiça fiscal consensual, em 2010.

Publicou recentemente estudo biográfico sobre o Ministro Carlos Maximiliano (Supremo Tribunal Federal, 1936-1941), na coleção Memória Jurisprudencial, editada pelo STF.

Além de um grande jurista e mestre, Arnaldo Sampaio de Moraes Godoy destaca-se, no meio profissional, por sua generosidade e simplicidade, por seu desejo de ver todos bem, estando sempre disposto a auxiliar e a estimular o crescimento integral de seus colegas e alunos.

Este livro, que compõe a Coleção Fórum de Direito Tributário, trata de matéria verdadeiramente inédita no cenário editorial pátrio, expondo o autor e explicitando, com sua usual percuciência, questões controversas no âmbito do direito tributário diplomático, sendo de enorme utilidade, nomeadamente, para os aficionados em direito internacional e em direito tributário.

Encerro, pois, congratulando-me com o autor, a quem devoto grande apreço e admiração, e à Editora Fórum por mais esta relevante e, com certeza, bem-sucedida iniciativa.

Oswaldo Othon de Pontes Saraiva Filho
Procurador da Fazenda Nacional de categoria especial. Professor de Direito Tributário da Universidade Católica de Brasília (UCB). Coordenador da Coleção Fórum de Direito Tributário. Diretor científico e fundador da *Revista Fórum de Direito Tributário – RFDT*.

INTRODUÇÃO

O direito tributário diplomático compreende um conjunto de normas, princípios, costumes e soluções casuais que alcançam questões fiscais, também com dimensão processual que afeta relações entre pessoas jurídicas de direito público externo, bem como agentes diplomáticos e consulares.

Eventualmente, fala-se também de um direito tributário diplomático que regulamentaria incidentes fiscais entre representantes diplomáticos e Estados nos quais se encontrem em missão, especialmente no que se refere ao regime de execuções. Refiro-me, mais propriamente, num contexto de direito tributário, às execuções fiscais.

Um direito tributário diplomático, assim, aproximaria dois campos do direito que são distintos do ponto de vista conceitual, mas que convergem e se complementam em uma dimensão pragmática. De tal modo, estuda-se o direito tributário no que se refere às imunidades fiscais atinentes aos Estados e a seus agentes diplomáticos e consulares, bem como, paralelamente, o direito processual, no que se refere à imunidade de jurisdição e de execução.

O problema da execução é nuclear. Na impossibilidade de se executar Estado estrangeiro ou diplomata, por uma dívida tributária qualquer, não se tem sentido algum em se preocupar com o regime fiscal que atingiria Missões e diplomatas, e nem mesmo com o problema da imunidade de cognição.

A aproximação temática não se esgota em matéria fiscal e processual, em sentido estrito. Um direito tributário diplomático (e também judiciário) ensejaria a retomada de vários problemas de direito previdenciário, de direito do trabalho e de responsabilidade civil. Esta última, no plano internacional, revela-se como campo recorrente de problemas. Por exemplo, há ações de indenizações propostas no Brasil em face de Estados estrangeiros cujos agentes que teriam barrado a entrada de brasileiros em seus respectivos territórios, ainda que os viajantes apresentassem vistos e demais documentos exigidos por autoridades de imigração.

Pretende-se também com o presente trabalho uma apresentação da construção jurisprudencial relativa às imunidades diplomáticas, de jurisdição e de execução no direito brasileiro. É uma história interessante. Seu personagem mais importante foi o Ministro Francisco Rezek, autor de voto importantíssimo, que marca um novo entendimento sobre a questão, dominante até hoje.

No presente trabalho faz-se leitura dos textos normativos que instruem a matéria, a exemplo das Convenções de Viena, de Relações Diplomáticas[1] e de Relações Consulares,[2] da Convenção Europeia sobre a Imunidade dos Estados (1972), do *Foreign Sovereign Immunities Act* (Estados Unidos, 1976) e do *State Immunity Act* (Inglaterra, 1978).

Antes, porém, tenta-se bricolagem com autores que trataram do assunto. Francisco Rezek, mais uma vez, parece ter a medida ideal do assunto. O trabalho também menciona Antenor Pereira Madruga Filho, autor de livro definitivo sobre o problema das imunidades processuais e combativo defensor de uma melhor atuação do Brasil no cenário internacional, num contexto de colaboração processual. Jorge Fontoura, Nádia de Araújo, Guido Soares também são citados, e indicados como autores necessários, pela qualidade dos respectivos trabalhos.

Quanto às imunidades fiscais, que é o tema central que motiva o livro, socorre-se, nessa parte do trabalho, de Ricardo Lobo Torres, reconhecido tributarista, e de Marcelo Varella, internacionalista dos mais importantes, e que contemplou em seu manual o problema das imunidades tributárias. Maria Regina Bongiardim, autora portuguesa especialista em questões de direito diplomático, substancializa muita informação que o presente livro pretende também apresentar.

Basicamente, são colhidas ainda informações de um *Manual de Normas e Procedimentos de Privilégios e Imunidades*, veiculado pelo Ministério das Relações Exteriores como um *guia prático para o corpo diplomático acreditado no Brasil*, em versão de 2010. O aludido documento é de responsabilidade da Coordenação-Geral de Privilégios e Imunidades (CGPI), que funciona no Itamaraty. Consta da contracapa do referido guia que se trata de texto de responsabilidade de José Wilson Moreira e de Daniella Xavier César.

---

[1] Aprovada pelo Decreto Legislativo nº 103, de 18.11.1964, e promulgada pelo Decreto nº 56.435, de 08.06.1965. O depósito do instrumento brasileiro de ratificação na ONU foi feito em 25.03.1965. A Convenção encontra-se em vigor no Brasil desde 24.04.1965. Cf. SEITENFUS (Org.). *Legislação internacional*, p. 684.

[2] Assinada pelo Brasil em 24.04.1963, aprovada pelo Decreto Legislativo nº 6, de 5.4.1967, e promulgada pelo Decreto nº 61.078, de 26.04.1967. O depósito do instrumento brasileiro de ratificação fez-se na ONU em 11.05.1967. Entrada em vigor, para o Brasil, em 10.06.1967. Cf. SEITENFUS (Org.). *Legislação internacional*, p. 693.

Trata-se de documento indispensável para compreensão do regime de privilégios e imunidades praticado no Brasil. O guia trata de miríade de temas correlatos, a exemplo de credenciamento, de abertura de Missão Diplomática no Brasil, de formulários de declarações simplificadas de importação, de procedimentos para importação de animais domésticos, de segurança, de aquisição e registro de armas, de aquisição e emplacamento de veículos oficiais, de comunicações, de uso de imóveis, de relações tributárias, trabalhistas e previdenciárias, entre tantos outros assuntos.

No presente trabalho alguma normatividade infralegal de regência também é estudada, a exemplo da Resolução CONTRAM nº 286, de 29.7.2008, relativa, especificamente, a automóveis de embaixadas e de consulados.[3]

Pretende-se a construção de quadro compreensivo da teoria das imunidades, em âmbito de direito diplomático, em tema de jurisdição, e de execução, tributária e previdenciária. Neste sentido, a importância da avaliação as posições mantidas pelo Ministério das Relações Exteriores. É no Itamaraty que discutem as questões que o leitor tem pela frente.

São muitos problemas práticos e mesmo teóricos que um direito tributário e judiciário diplomático suscita, principalmente em dimensões de matéria previdenciária e trabalhista. São muitas questões. Elenco algumas, que orientam as reflexões que justificaram a composição do trabalho. Pretende-se, implícita e explicitamente, enfrentá-las, à luz da jurisprudência brasileira. Uma tentativa de construção de respostas se encontra no elenco de conclusões.

Por exemplo, pode ser proposta execução fiscal contra embaixada, pelo não recolhimento de IPTU? Pode o INSS se recusar a dar certidão negativa a embaixada, pelo não recolhimento de contribuições previdenciárias? Pode o DETRAN recolher automóvel de embaixada, como penalidade pelo não recolhimento de multas de trânsito? Pode ser proposta reclamação trabalhista contra embaixada ou consulado, ou mesmo contra o diplomata ou cônsul?

Pode-se dizer que na execução fiscal em face de embaixada tem-se execução de Estado contra Estado, o que contrariaria toda a teoria das imunidades? Há diferenças entre imunidade de jurisdição e de execução? Se positiva a resposta, não se negaria toda a teoria da instrumentalidade do processo?

---

[3] A Resolução nº 342, de 5.3.2010, fixou que veículos de que tratam a Resolução nº 286/2008, então em circulação, deveriam estar registrados, licenciados e emplacados pelos órgãos de trânsito até 31.01.2010.

A teoria da imunidade relativa não qualifica uma aporia, na medida em que se admite competência para se dizer qual o direito, mesmo se sabendo que não há competência para se impor o direito? Pode a União executar multas aduaneiras em face de consulado estrangeiro?

Pode o governo norte-americano ser executado no Brasil pelo não cumprimento de obrigação unilateral, a exemplo de promessa de recompensa pela revelação do esconderijo de líder político iraquiano no tempo da Guerra do Golfo? Qual a justiça competente para julgar questões trabalhistas contra Estado estrangeiro?

Podem o Distrito Federal, Estados e Municípios ajuizarem execuções fiscais contra Estados estrangeiros pelo não recolhimento de tributos de sua competência? Podem embaixadores e cônsules receber citação? Haveria imunidades para custas judiciais? As imunidades também alcançam tributos indiretos?

Pode ser feita a penhora de bem de Estado estrangeiro? E o arresto? E o arrolamento, por parte da Receita Federal? Pode-se penhorar bem particular de diplomata ou cônsul em execução fiscal (tributária e previdenciária)? E em execução trabalhista? E em execução por descumprimento de cláusula contratual? E em ação de cobrança?

Pode-se ajuizar ação de despejo contra embaixada ou consulado, pelo não recolhimento de aluguéis? Quando particular aluga imóvel a embaixada ou consulado, a quem compete o recolhimento do IPTU? Autarquia (federal, distrital, estadual ou municipal) pode ajuizar ação de execução fiscal contra Estado estrangeiro?

O que é requisito de expropriabilidade? À luz do direito tributário brasileiro as Convenções de Viena outorgam imunidades ou isenções? Em eventual execução, quem teria poderes para receber citação em nome do país estrangeiro no Brasil, o embaixador, o cônsul, qualquer servidor da embaixada ou consulado, ou advogado com poderes constituídos?

Devem as embaixadas estrangeiras recolher INSS no Brasil em favor de seus funcionários? Deve o PNUD recolher INSS no Brasil em favor de seus funcionários? A imunidade de jurisdição de Estado estrangeiro se confunde com imunidade diplomática? Pode a justiça brasileira julgar pedido de indenização contra país estrangeiro por retenção do reclamante em aeroporto e retorno ao Brasil, sem qualquer explicação, por parte das autoridades do país reclamado?

Pode haver desapropriação do local da missão para fins de defesa nacional ou de utilidade pública? É a justiça brasileira competente para julgar ação de cobrança de honorários de advogado em face de Estado estrangeiro? Cabe *habeas data* contra Estado estrangeiro para entrega de documentos mantidos em segredo de Estado, quando o pedido se fundamenta na necessidade de instrução de autos de inventário? A imunidade de jurisdição também alcança o cônsul honorário? Normas e costumes internacionais sobre imunidade de jurisdição são *jus cogens* ou *soft law*? Aplicam-se a Convenção Europeia de Imunidade dos Estados, a Convenção das Nações Unidas sobre Imunidade dos Estados e suas Propriedades e a Convenção sobre Privilégios e Imunidades das Nações Unidas em quais circunstâncias?

Quem representa processualmente embaixadas estrangeiras em ações que correm na justiça brasileira? Há reciprocidade?

Num primeiro momento pode-se afirmar que tais questões são de Direito Internacional em sentido estrito. O conjunto normativo que as informam radica efetivamente na Convenção de Viena sobre Relações Diplomáticas e na Convenção de Viena sobre Relações Consulares com filtragem constitucional a partir de princípio que qualifica a cooperação entre os povos para o progresso da humanidade (art. 4º, IX, CF/88).

O trabalho também representa esforço de se reconstruir a formação de uma doutrina de Estado brasileira sobre o problema das imunidades fiscais e processuais, com base em pareceres elaborados pela Consultoria Jurídica do Ministério das Relações Exteriores, especialmente com foco em Clóvis Beviláqua.

Com tal objetivo, são resgatados pareceres elaborados pelo jusinternacionalista cearense a respeito de miríade de assuntos, de intensa atualidade. Como se verá, algumas das soluções propostas por Beviláqua permanecem em pleno vigor, sobretudo em âmbito de isenções de impostos pessoais, em relação a agentes diplomáticos.

São também inventariados vários outros entendimentos do Itamaraty, de autoria de ilustres consultores jurídicos que passaram por aquela casa, a exemplo de Haroldo Valadão, Amílcar de Araújo Falcão, Augusto de Rezende Rocha, Franchini Neto, Cançado Trindade, Vicente Marotta Rangel e Antonio Paulo Cachapuz de Medeiros.

Apresenta-se também um pequeno estudo da casuística internacional. Discorre-se sobre o caso *Schooner*, de 1812, que inaugurou a jurisprudência sobre o assunto, na Suprema Corte dos Estados Unidos da América.

Refere-se também ao caso *John Doe vs. Santa Sé*, mais recente, e que se centra na imunidade do Vaticano em face da jurisdição norte-americana.

Menciona-se ainda o desdobramento do caso da invasão à embaixada norte-americana em Teerã, no Irã, ocorrida em 1979.

Na continuidade, um levantamento sobre as regras das Convenções de Viena, especialmente em matéria fiscal. Em seguida, uma tentativa de mapeamento das incidências e não incidências fiscais em face de Estados estrangeiros, nos termos e limites do direito brasileiro. Faz-se, assim, um rápido levantamento de imunidades que há para o corpo diplomático acreditado no Brasil, com fundamento em documento produzido pelo Itamaraty, anteriormente mencionado.[4]

Por fim, avalia-se a questão no contexto de decisões do Supremo Tribunal Federal e do Superior Tribunal de Justiça, especialmente no que se refere ao regime de execuções fiscais propostas pela União, ou pelo Município do Rio de Janeiro, em face de Estados estrangeiros.

Há três problemas conceituais como pano de fundo: imunidade de tributação, imunidade de jurisdição e imunidade de execução. A imunidade fiscal (ainda que impropriamente utilizada a locução) decorre do direito convencional e não suscita indagações de maior alcance.

A imunidade de jurisdição foi relativizada pela jurisprudência de nossos tribunais superiores, que hoje enfrentam a ameaça da imprestabilidade fática de seus julgados, por força da impossibilidade de tomada de bens pertencentes a Estados estrangeiros. Além do que, feita a penhora em bens de Estado estrangeiro (contas bancárias, por exemplo) — ainda que em execuções trabalhistas — é à Advocacia-Geral da União a quem cabe defender o Estado estrangeiro, postulando o desbloqueio de bens ou valores.

Há subjacente a toda concepção de Direito Internacional, inclusive em sua qualificação tributária, a compreensão de que uma fundamentação moral sustente o discurso e a prática que envolvem atores internacionais.[5] Isto é, a boa-fé e a reciprocidade são os princípios centrais que devem informar a matéria.

O trabalho que o leitor tem pela frente é o resultado das aulas que ministrei no Instituto Rio Branco, no ano letivo de 2010, na qualidade de assistente do Professor Antonio Paulo Cachapuz de Medeiros, também Consultor Jurídico do Itamaraty. O Professor Marcelo Varella conosco dividiu a disciplina. A mim coube o estudo de alguns problemas fiscais, que a prática diplomática enfrenta, e que se debate com intensa transformação em seu conteúdo canônico.

---

[4] Cf. BRASIL. Ministério das Relações Exteriores. *Manual de normas e procedimentos de privilégios e imunidades*: guia prático para o corpo diplomático acreditado no Brasil, p. 66 *et seq.*
[5] Cf. GOLDSMITH; POSNER. *The Limits of International Law*, p. 185 *et seq.*

De início, coloquei aos jovens diplomatas um problema: constatada a incidência tributária em face de Missão ou agente diplomático (porque o regime de imunidades não é absoluto) qual seria a solução para o Estado-credor, na medida em que não teríamos possibilidades concretas de satisfação dos créditos, por intermédio de execução, dada a impenhorabilidade dos bens do devedor?

São insatisfatórias as respostas a esta pergunta, como o leitor observará ao longo do texto. Trabalho, no entanto, com a hipótese de que há necessidade de concepção de um novo modelo, provavelmente centrado pelo Ministério das Relações Exteriores, ainda que com o apoio da Advocacia-Geral da União (AGU), por meio do qual o próprio Itamaraty buscasse meio alternativos de compor a cobrança, bem entendido, nas hipóteses de inexistência de situação identificadora de imunidade fiscal, a exemplo de circunstâncias típicas de tributos vinculados a atos de gestão, e não a atos de império.

CAPÍTULO 1

INSUMO DOUTRINÁRIO E CONCEITUAL

Um direito tributário diplomático envolve questões ordinariamente fiscais, bem como exige definição relativa a institutos processuais. Refiro-me, especialmente, a problemas de imunidade de jurisdição e de execução. Exige-se também algum domínio da prática de execuções em matéria trabalhista.

São problemas tratados por farto material doutrinário. Na essência, cuida-se de um direito ordinariamente diplomático ou, na opinião do mais autorizado autor brasileiro na matéria:

> (...) mais exatamente, a questão dos privilégios e garantias dos representantes de certo Estado soberano junto ao governo de outro, constituíram o objeto do primeiro tratado multilateral de que se tem notícia: o Règlement de Viena, de 1815, que deu forma convencional às regras até então costumeiras sobre a matéria.[6]

No pano de fundo, a questão da soberania do Estado revela-se como o ponto mais importante de toda a discussão. Invoca-se a doutrina do *par in parem non habet imperium* [entre iguais não há império] já problematizada por Antenor Pereira Madruga Filho em livro clássico e definitivo sobre o assunto.[7] O referido autor defendeu que "a renúncia à imunidade de jurisdição não significa renúncia à soberania",[8] sustentando, nas conclusões de seu trabalho:

---

[6] REZEK. *Direito internacional público*: curso elementar, p. 167.
[7] MADRUGA FILHO. *A renúncia à imunidade de jurisdição pelo Estado brasileiro e o novo direito da imunidade de jurisdição*, p. 178 et seq.
[8] MADRUGA FILHO. *A renúncia à imunidade de jurisdição pelo Estado brasileiro e o novo direito da imunidade de jurisdição*, p. 405.

Entendemos que a soberania é limitada por fatores externos. Isso não significa o resultado de uma crise conceitual, mas a própria essência histórica do conceito, verificável na medida em que significa a convivência de vários soberanos. Dois efeitos — compromisso internacional (interdependência) e independência — sempre definiram a soberania, desde as suas origens, quando os soberanos, na luta comum contra o império e o papado, comprometem-se a não intervir no domínio reservado aos seus pares, até hoje, quando, mesmo diante de uma quase total interdependência, os Estados criam regras para continuar mantendo suas dependências.[9]

Ao longo dos anos, consubstanciou-se a prática de invocação da imunidade absoluta.[10] Trata-se de costume que remonta à Paz de Westphalia, quando se apropriou do pensamento de Thomas Hobbes, no que se refere à celebração de um conceito de Estado forte.[11] Há também quem perceba tal prática ainda na Idade Média, por força de costume de ordem canônica, e que também se prestava para a proteção do clero.[12] A mutação conceitual foi percebida por Francisco Rezek, em palestra, para quem:

> Quando se procurava entender o silêncio das Convenções de Viena, em face da imunidade absoluta que ainda se proclamava nos anos 60 e nos anos 70, em muitos países, entre os quais o nosso, dizia-se: é tão óbvio que o Estado estrangeiro, à luz do princípio *par in parem non habet judicium*, em honra do qual as imunidades pessoais existem, é, ele próprio, imune também, que não é preciso que os textos de Viena digam isso. A regra é costumeira, é velhíssima e sólida. Não era mais, ao final da década de 70, com o abandono progressivo da regra por nações europeias que celebraram uma convenção sobre esse assunto, com edição de lei específica na Grã-Bretanha e nos Estados Unidos da América. Ficou visto que grandes atores na cena internacional desertavam da corrente da imunidade absoluta. Não dava mais para o Tribunal brasileiro sustentar o caráter absoluto da imunidade.[13]

---

[9] MADRUGA FILHO. *A renúncia à imunidade de jurisdição pelo Estado brasileiro e o novo direito da imunidade de jurisdição*, p. 406.
[10] Cf. DIXON. *Textbook on International Law*, p. 168.
[11] Cf. JANIS. *An Introduction to International Law*, p. 159.
[12] Cf. HAMILTON; LANGHORNE. *The Practice of Diplomacy*: Its Evolution, Theory, and Administration, p. 40.
[13] REZEK. A imunidade das organizações internacionais no século XXI. In: GARCIA; MADRUGA FILHO (Coord.). *A imunidade de jurisdição e o Judiciário brasileiro*, p. 15.

Retomando o assunto, em percepção também histórica, e também a propósito de construção conceitual no sentido de não se poderia imputar responsabilidade nenhuma aos chefes políticos, Guido Fernando da Silva Soares lembrou:

> A regra da irresponsabilidade do monarca, e, portanto, dos governantes, demoraria muito tempo a ser superada, e nem mesmo as radicais transformações da Revolução Francesa ou da Revolução Inglesa conseguiram totalmente deslocá-la. A expressão clara de tal regra se encontra no antigo *the king can do no wrong*, o qual perpassaria mesmo aqueles períodos em que o Estado passou a avocar para ele o postulado de distribuir a justiça, com exclusividade, e em que, em princípio, se subordinaria à norma jurídica que o próprio Estado instituiu.[14]

Num sentido eminentemente processual, isto é, no que se refere ao exercício da jurisdição nas relações entre Estados, tem-se formatação conceitual que se perde no tempo, na opinião de especialista:

> Trata-se, em verdade, de instituto ancestral, da pré-história do direito internacional público, *a priori* à existência do Estado, presente em seus fundamentos já nas relações de *potestas* da antiguidade oriental, desde as guerras dos faraós e dos conflitos mesopotâmicos. Depois, na civilização clássica, sempre reflui em episódios de beligerância das polis gregas, nas guerras médicas e, com especial ênfase, em passagens marcantes das Guerras Púnicas, no período áureo da Roma republicana. Finalmente na Idade Moderna, com o Estado Nacional Moderno, consagra-se como dever fazer indisponível ainda que *a qui superiorem non habet*, detentores absolutos do poder.[15]

A doutrina da imunidade de jurisdição é vista hoje de um modo mais flexível, verificando-se tendência em relativizá-la, como se colhe na seguinte impressão:

> No início do século XX, os Estados, em geral, gozavam ainda da imunidade absoluta perante a justiça de um outro Estado. Hoje, porém, reina na doutrina internacional e na jurisprudência dos diferentes países, a tese da imunidade relativa ou limitada de jurisdição do Estado estrangeiro.

---

[14] SOARES. Origens e justificativas da imunidade de jurisdição. *In*: GARCIA; MADRUGA FILHO (Coord.). *A imunidade de jurisdição e o Judiciário brasileiro*, p. 27.
[15] FONTOURA. Imunidade de jurisdição dos Estados estrangeiros e de seus agentes: uma leitura ortodoxa. *In*: GARCIA; MADRUGA FILHO (Coord.). *A imunidade de jurisdição e o Judiciário brasileiro*, p. 77.

Desde 1989, também o Supremo Tribunal Federal reconheceu ao Estado estrangeiro, tão-somente, imunidade relativa ou limitada. Os tribunais brasileiros, baseados na decisão da Suprema Corte, em seguida, começaram a se orientar na mesma direção. A tese da imunidade relativa ou limitada de jurisdição do Estado estrangeiro significa que ele não gozará automaticamente desse privilégio como Estado soberano. Apenas quando atuar *iure imperii*, ou seja, em caráter oficial e em inter-relação direta com o Estado local, poderá invocar com êxito o privilégio, a não ser que tenha validamente renunciado a seu respeito.[16]

Deve-se diferenciar a imunidade de jurisdição que protege ao Estado estrangeiro, da imunidade de jurisdição que afetaria ao pessoal diplomático, bem como a imunidade de execução no que se refere aos bens do Estado estrangeiro.[17] Deve-se diferenciar o que decorre da atividade soberana do Estado de seus atos enquanto ente privado, nos seguintes termos:

> A imunidade jurisdicional dos Estados é um princípio de direito internacional público, corolário da igualdade dos Estados, que visa garantir o respeito pela soberania — *par in parem non habet judicium* (entre os iguais, não há jurisdição). Atualmente prevalece a concepção restrita da imunidade judiciária dos Estados. De acordo com a teoria restritiva da imunidade, importa saber se o caso em litígio diz respeito à atividade soberana do Estado (*jure imperii*) ou os atos de natureza privada, que poderiam se de igual modo praticados por um particular (*jus gestionis*).[18]

Conclusivamente, a imunidade de jurisdição alcança atos de império, e não atos de gestão, como sintetizou autor que já atuou no Itamaraty:

> A imunidade de jurisdição do Estado estrangeiro era mais justificável no passado, quando as relações internacionais não eram tão intensas e quando os entes estatais não tinham tantas atribuições, inclusive de caráter eminentemente privado, que os levassem a intervir em tantas áreas diferentes. Nesse quadro, não eram tão frequentes os conflitos na sociedade internacional. Com a progressiva intensificação das relações

---

[16] RECHSTEINER. *Direito internacional privado*: teoria e prática, p. 275.
[17] Cf. FERREIRA JÚNIOR; CARDOSO JÚNIOR. Introdução ao direito processual civil internacional. *In*: FERREIRA JÚNIOR; CHAPARRO (Coord.). *Curso de direito internacional privado*, p. 261.
[18] LOJO, Mário Vitor Suarez *apud* FERREIRA JÚNIOR; CARDOSO JÚNIOR. Introdução ao direito processual civil internacional. *In*: FERREIRA JÚNIOR; CHAPARRO (Coord.). *Curso de direito internacional privado*, p. 262.

internacionais, a imunidade de jurisdição do Estado, nos termos tradicionais, passou a configurar-se problemática, por permitir que o ente estatal se eximisse da responsabilidade por ilícitos que cometesse, abrindo espaço para que outras pessoas sofressem prejuízos indevidos e gerando a possibilidade de que o Estado viesse a não ser visto como parceiro confiável.[19]

Certa correção de rumos que houve na jurisprudência brasileira é objeto da observação de muitos autores, a exemplo de Welber Barral, para quem:

> Consequência da soberania dos Estados é o princípio de que não estão obrigados a submeter-se à jurisdição nacional dos demais Estados. Esta imunidade à jurisdição nacional, contudo, deixou de ser absoluta nas últimas décadas, e vários judiciários nacionais deixaram de reconhecer a imunidade do Estado estrangeiro quando envolvidos em atos *jus gestionis* (por oposição a *jus imperii*). No Brasil, embora inexista uma norma federal esclarecendo a questão, a jurisprudência vem se firmando no sentido do caráter relativo da imunidade, não se reconhecendo sua existência em situações de contratação quotidiana com nacionais, como nos contratos de trabalho.[20]

Ao que consta, o distanciamento para com o conceito de imunidade absoluta ainda ocorrera no século XIX, no contexto do direito belga:

> A Bélgica foi pioneira na mudança do conceito de imunidade absoluta que depois se espalharia pelo mundo, quando, a partir de 1878, passou a negar a imunidade quando o Estado agisse na condição de pessoa privada. Além de enfatizar a possibilidade de Estados estrangeiros utilizarem das cortes belgas quando em negócios privados, deixou claro que, apesar da dificuldade de execução posterior do julgamento contra o Estado estrangeiro, isso não o tornava isento de valor. O primeiro esforço codificador de cunho internacional foi o trabalho da Conferência de Bruxelas sobre a unificação de certas regras acerca da imunidade de navios de propriedade dos Estados.[21]

Do ponto de vista fiscal, "a imunidade dos agentes diplomáticos e do patrimônio dos Estados estrangeiros vem de tempos imemoriais, sendo um dos pontos sensíveis do Direito das Gentes, derivada da

---

[19] PORTELA. *Direito internacional público e privado*, p. 171.
[20] BARRAL. *Direito internacional*: normas e práticas, p. 266.
[21] ARAUJO. *Direito internacional privado*: teoria e prática brasileira, p. 253.

própria imunidade do Rei".[22] A positivação das imunidades tributárias para agentes diplomáticos decorreria da já citada Convenção de Viena, cuja internalização no direito brasileiro decorreria do art. 98 do Código Tributário Nacional,[23] que dispõe que "os tratados e as convenções internacionais revogam ou modificam a legislação tributária interna, e serão observados pela que lhes sobrevenha". E, ainda, segundo Ricardo Lobo Torres:

> A natureza da exoneração fiscal [imunidade fiscal diplomática] é de vera imunidade. Torna invioláveis os bens, rendas ou serviços de agentes diplomáticos ou de legações estrangeiras. É uma qualidade do diplomata, um atributo do Estado em seu relacionamento internacional, "um predicamento moral e jurídico derivado dos princípios do Direito Natural consagrados pelo Direito Público moderno", um princípio do Direito das Gentes, superior ao direito interno. Tem, por conseguinte, existência pré-constitucional, não sendo jamais concessão de direito positivo do Estado tributante ou de tratados internacionais aprovados pelo Parlamento. Está em simetria com a imunidade de jurisdição criminal ou civil, mas a transcende, posto que abrange simultaneamente a imunidade frente aos poderes de julgar, administrar e legislar sobre impostos. No direito estrangeiro, que não cultiva a teoria das imunidades em razão de inexistir o assento constitucional explícito, a intributabilidade aparece como "isenção", quase sempre declarada na lei ordinária (...). A doutrina brasileira, de índole marcadamente positivista, atribui-lhe a natureza de isenção, por não vir declarada expressamente no texto fundamental.[24]

E também segundo o mesmo autor, "o fundamento da imunidade diplomática assenta na liberdade e na segurança dos agentes consulares, exornando-lhes os direitos humanos, que dependem da harmoniosa convivência entra as Nações".[25] A imunidade fiscal diplomática, continua o tratadista, é subjetiva, *rationae personae*, com o fundamento de proteger o Estado estrangeiro e o Chefe da Missão.[26] E ainda, quanto aos aspectos objetivos, o conteúdo e a interpretação, prossegue o tributarista:

> A imunidade protege o patrimônio, a renda e os serviços das missões estrangeiras e de seus agentes. A extensão será a mesma da imunidade

---

[22] TORRES. *Tratado de direito constitucional financeiro e tributário*, p. 331.
[23] Cf. TORRES. *Tratado de direito constitucional financeiro e tributário*, p. 331.
[24] TORRES. *Tratado de direito constitucional financeiro e tributário*, p. 333.
[25] TORRES. *Tratado de direito constitucional financeiro e tributário*, p. 333.
[26] Cf. TORRES. *Tratado de direito constitucional financeiro e tributário*, p. 334.

recíproca. A imunidade compreende os impostos, as taxas de polícia e as contribuições de melhoria. Quanto aos impostos, apenas os diretos não incidem. Os indiretos em que os agentes diplomáticos ou as missões estrangeiras sejam meros contribuintes de fato, podem ser cobrados. Cobram-se também as taxas correspondentes a serviços prestados, nos termos da Convenção de Viena. As custas judiciais podem também ser exigidas (...). A interpretação das imunidades diplomáticas é a mais ampla possível, com ocorre com todas as outras limitações dessa espécie. Desde, evidentemente, que se considere o verdadeiro fundamento da vedação, ou seja, que se proteja a segurança dos direitos do diplomata e das missões estrangeiras.[27]

A questão foi tratada também com profundidade por autora portuguesa, que enfatizou:

(...) as imunidades diplomáticas são concedidas a fim de permitir aos diplomatas desempenharem livremente e em segurança as suas funções. Os privilégios fiscais e aduaneiros, na medida em que isentam as missões e os diplomatas do pagamento de impostos, constituem uma prerrogativa de cortesia, tornada obrigatória pela sua consagração na Convenção de Viena, de 1961. Não obstante essa obrigatoriedade, os privilégios fiscais variam consoante as legislações internas dos Estados.[28]

Prossegue a autora, realisticamente captando a pragmática da vida burocrática, observando:

Esta cortesia, hoje imposta pelas normas de direito internacional em vigor, de muito de aleatório, visto que o Estado acreditador teria poucas possibilidades de obrigar juridicamente um diplomata a pagar os impostos que fossem devidos, caso não estivesse isento deles. Se bem que os diplomatas devem respeitar as leis dos Estados em que se encontram acreditados, em caso de desobediência não se lhes pode ser aplicada qualquer sanção devido à sua imunidade.[29]

A citada autora anotou que as isenções sobre compra ou aluguel de imóvel de missão exigem que o imóvel seja adquirido *em nome da Missão*, isto é, pelo Estado acreditador e em seu nome. O imóvel deve ficar afeto à Missão; a regra não vale para bens imóveis particulares

---

[27] TORRES. *Tratado de direito constitucional financeiro e tributário*, p. 334-335.
[28] MONGIARDIM. *Diplomacia*, p. 205.
[29] MONGIARDIM. *Diplomacia*, p. 206.

adquiridos por diplomatas.[30] A referida autora também mencionou prática internacional reiterada, que "tem sido a de isentar os diplomatas do pagamento dos impostos diretos sobre certas categorias de produtos, como automóveis, bebidas alcoólicas, tabaco e perfumes".[31] Quanto à tributação da renda, observou:

> A isenção do imposto sobre o rendimento é questão que não se coloca, visto não ser da competência do Estado acreditador nem o orçamento da missão, nem os vencimentos dos agentes diplomáticos estrangeiros, matéria que apenas compete ao Estado acreditante. Segundo este princípio, todos os atos praticados por uma missão diplomática ou por um consulado estrangeiros, objeto de pagamento e porque trata de atos que dizem respeito à ordem jurídica interna do Estado acreditante, estão igualmente isentos de qualquer imposto tributável pelo Estado acreditador.[32]

A autora portuguesa também se preocupou em justificar as razões pelas quais há o regime de isenções, em favor das missões e do pessoal diplomático. Vincula-os à cortesia que se fundamenta, por sua vez, "no princípio da reciprocidade".[33] No entanto, "estes privilégios não são ilimitados, nem indiscriminados. A convenção de Viena, tal como para os privilégios fiscais, estabeleceu regras de procedimento mínimas, que os Estados podem flexibilizar, aumento os benefícios, se o desejarem".[34]

Lembrou ainda que "outras importações podem ser feitas com isenção de impostos, desde que dentro de quantidades limitadas e escalonadas ao longo dos anos (...) em concreto, o caso dos automóveis".[35] Como regra, como se verá ao longo do trabalho, as imunidades pessoais, em matéria tributária, tem-se o seguinte quadro:

> A isenção beneficia tanto o pessoal diplomático como o técnico e o de serviço. Muito embora a expressão utilizada pelo direito internacional seja "imunidade de natureza tributária", não se trata de uma imunidade no sentido do direito tributário nacional. A mesma categoria imunidade tem, portanto, definições diferentes no direito internacional público e no direito tributário. No direito tributário, o termo imunidade tem um

---

[30] Cf. MONGIARDIM. *Diplomacia*, p. 206.
[31] MONGIARDIM. *Diplomacia*, p. 206.
[32] MONGIARDIM. *Diplomacia*, p. 206-207.
[33] Cf. MONGIARDIM. *Diplomacia*, p. 207.
[34] MONGIARDIM. *Diplomacia*, p. 207.
[35] MONGIARDIM. *Diplomacia*, p. 207.

conceito operacional próprio (...). De acordo com o direito tributário, as imunidades diplomáticas de natureza tributária — do direito internacional público — são isenções tributárias. Usando as categorias do direito tributário, são isenções tributárias porque, ao contrário das imunidades tributárias, derivam de texto infraconstitucional e ocorre a hipótese de incidência, mas há exclusão do crédito tributário. O pessoal da missão diplomática não paga, por exemplo, imposto de renda, sobre serviços ou contribuições sociais para a previdência social.[36]

Concluindo, a imunidade fiscal deve ser entendida também no contexto das imunidades processuais. Isto porque, no limite, ocorrido fato gerador de obrigação tributária, e ainda que se possa ajuizar ação de execução fiscal, há severas limitações à penhora de bens de Missão estrangeira e do pessoal diplomático, o que inviabilizaria a pretensão do Estado credor.

---

[36] VARELLA. *Direito internacional público*, p. 315.

CAPÍTULO 2

O DIREITO TRIBUTÁRIO DIPLOMÁTICO NO CONTEXTO DO ITAMARATY

As questões de direito tributário diplomático que marcam o panorama histórico da prática brasileira encontram na produção dos consultores jurídicos do Itamaraty um recorrente conjunto de exemplos. Sigo com alguns destes entendimentos, que julgo mais expressivos, na definição de uma política marcada pelo equilíbrio e pelo respeito para com as regras internacionais.

Em 14 de dezembro de 1912 o então Consultor Jurídico do Itamaraty,[37] Clóvis Beviláqua, redigiu parecer a propósito da citação de agentes diplomáticos acreditados junto ao Governo do Brasil. Fixou-se que o título 4 do Livro III das Ordenações já permitia a citação de embaixadores que se encontrassem na Corte. A regra teria caducado com um Aviso de 11 de março de 1826, que censurava um juiz que teria autorizado que oficiais de justiça invadissem a casa do representante dos Estados Unidos, que fora intimado de um despejo.

Entendeu-se que a invasão e subsequente intimação afrontavam o direito internacional. No caso de intimação para que agentes diplomáticos de Estado estrangeiro testemunhassem manifestou-se que o Ministério da Justiça deveria fazer tal solicitação. Quanto a discussões referentes a obrigações civis, fixou-se que Ministros estrangeiros aqui

---

[37] Indispensável para um estudo da história da organização do Itamaraty a leitura de CASTRO; CASTRO. *1808-2008*: dois séculos de história da organização do Itamaraty. Quanto ao cargo de Consultor Jurídico, por exemplo, exercido por Clóvis Beviláqua, lê-se no livro citado que fora extinto em 1868 pelo art. 42 do Regulamento Saraiva de Souza, e que fora restabelecido na gestão do Barão do Rio Branco (1902-1912).

acreditados não poderiam ser citados, na qualidade de devedores/réus, exceto se renunciassem expressamente ao privilégio, o que se faria mediante autorização do Governo que representavam.

Clóvis Beviláqua também elaborou vários pareceres em matéria tributária, em sua dimensão internacional, revelando-se como um *pai fundador* de um direito tributário diplomático. De certa forma, o jurista cearense avançava em problemas e soluções que presentemente afetam o que se entende por um direito tributário internacional.

Para Beviláqua o tributo era manifestação absoluta da soberania estatal. De tal modo, o poder de tributar se projetava nos contornos dos limites da soberania do Estado tributante. A lei local seria soberana em tema de sujeição tributária imobiliária. À época não se cogitava de modelos atuais de tributação em bases universais. Sofisticadas técnicas para se evitar a bitributação são de imaginação institucional muito recente, pelo menos no Brasil.

Nas reflexões de Beviláqua, percebe-se sempre presente a percepção relativa aos vínculos entre o poder de tributar e soberania. É o que se lê, por exemplo, em parecer que Beviláqua redigiu sobre pretensão da Alemanha no sentido de lançar e cobrar tributos sobre bens localizados no estrangeiro:

> Devemos significar à Alemanha que o imposto, sendo um dos modos por que se manifesta a soberania do Estado, não pode ter raio de ação mais extenso do que o da soberania; portanto, não pode alcançar bens situados em território de outra soberania. O imposto deve recair sobre o capital da nação, e os bens situados no estrangeiro não constituem capital do país. Sendo assim, a lei alemã, que, segundo a interpretam os agentes fiscais da Alemanha, estabelece imposto sobre bens situados no estrangeiro, invade a esfera própria da soberania doa outras nações (...) Quanto ao imposto de transmissão causa mortis, embora a sucessão se abra no domicílio do *de cujus* e se submeta a uma lei única, em virtude do princípio da unidade e universalidade da sucessão hereditária, sempre se entendeu que os imóveis, pelo menos, estão sujeitos ao imposto da lei do lugar onde se acham situados, por constituírem porções do território de uma soberania. O Brasil não cobra impostos sobre coisas corpóreas situadas no estrangeiro. Além de ofensivo das soberanias dos outros Estados o sistema adotado na Alemanha conduz à dualidade dos impostos, com sacrifício da prosperidade dos indivíduos e da justiça essencial os impostos.[38]

---

[38] BEVILÁQUA. Incidência do imposto sobre os bens situados em território de outra soberania. Parecer, 07 dez. 1925.

De igual modo, Beviláqua discutia leis brasileiras que pretendiam alcançar fatos geradores que não se relacionavam com nossa soberania. Exemplifica-se com parecer redigido a propósito de lei do estado da Bahia que pretendia taxar estrangeiros residentes fora do país, no que se referia sobre bens adquiridos, por herança ou doação:

> Com respeito ao artigo da lei baiana, nº 1.933, de 25 de agosto de 1926, que vem transcrito no ofício de Vossa Excelência, a minha opinião é que padece do vício de inconstitucionalidade, pelas razões que passo a expor. Para o nacional, como para o estrangeiro residente no país, esse dispositivo estabelece um imposto, que varia de um a oito por cento; para o estrangeiro residente fora do país o imposto é sempre de quarenta por cento, seja ele herdeiro necessário, meramente legítimo, ou estranho. Vê-se, na cláusula residente fora do país, que houve intenção de não contrariar abertamente a Constituição da República, em sua declaração de direitos, art. 72, onde se assegura tratamento igual aos nacionais e aos estrangeiros residentes no país, quanto à liberdade, à segurança individual e à prosperidade. Mas não se atendeu a que o dispositivo invadia a esfera de atribuições privativas da União, quais são as concernentes à política internacional. Estabelecer imposto mais pesado para o estrangeiro, residente ou não fora do país, é regular relação de ordem internacional, que poderá motivar justa reclamação ou retorsão. Assim como se decretou a contribuição de 40% para o herdeiro, legatário ou donatário estrangeiro residente fora do país, poderia decretar-se contribuição mais forte, de 60, 80, 90% e, nessa marcha, chegar-se ao ponto de criar a incapacidade do estrangeiro para adquirir bens a título gratuito, por direito hereditário ou por doação. Sente-se bem que no exercício da sua faculdade de tributar a transmissão da propriedade, o Estado federado, tendo de se conservar dentro dos limites de ordem constitucional da República, desrespeita-os, desde que se orientar pelo caminho aberto pelo dispositivo da lei baiana, que estou considerando. Mas esse dispositivo fere ainda outro princípio fundamental do nosso regime constitucional — o da unidade do direito substantivo. Isso se vê claramente, desde que atendamos à regra de igualdade jurídica estabelecida no art. 3º do Código Civil. Proclama esse artigo do Código Civil: "A lei não distingue entre nacionais e estrangeiros, quanto à aquisição e ao gozo dos direitos civis". A lei baiana, porém, rompe com essa igualdade na aquisição de certos direitos civis, estatuindo assim uma ordem jurídica, no glorioso Estado de Ruy Barbosa e Castro Alves, diferente da que existe nos outros pontos da República. Não diz claramente, mas estabelece regra, que importa nessa desigualdade. E se os estrangeiros são diferentemente tratados nos Estados da República, no que diz respeito à aquisição e gozo dos direitos civis, não teremos unidade de direito substantivo. Dir-se-á que o art. 3º do Código Civil tem particularmente em vista os estrangeiros residentes no país, porque

o direito civil é interno. Mas as relações jurídicas, atingidas pela citada lei baiana, são disciplinadas pelo direito interno. Sucessão *mortis causa* e doações constituem capítulos do direito civil. Se o Código Civil estatui que na aquisição dos direitos civis são perfeitamente iguais, perante a lei, os nacionais e os estrangeiros, sem distinguir entre residentes ou não residentes, criar desigualdades é estabelecer direito diferente do que o Código consagra. Além disso a lei baiana contraria os princípios dominantes no direito internacional, que procuramos codificar, para maior segurança da paz e da confraternidade americana. É claramente uma lei inamistosa, destoante das normas de urbanidade que devem prevalecer entre os povos. Em resumo. O preceito da lei baiana agora examinado se me afigura inconstitucional porque: a) invade a esfera da política internacional, da competência privativa da União; b) Contrariando um princípio de direito civil consagrado em lei federal, conturba a unidade de direito substantivo, que é fundamental em nosso regime. E, no conflito entre a lei estadual e a federal, há de esta última prevalecer. Se não a aplicar a justiça local, podem recorrer os interessados vencidos, para o Supremo Tribunal. É o que me parece.[39]

Beviláqua havia percebido inconstitucionalidade na lei baiana que tributava estrangeiros. Isto é, constatou tratamento fiscal não isonômico entre nacionais e estrangeiros. Concretamente, o modelo impõe igualdade de tratamento entre brasileiros e estrangeiros residentes no país.

O fato de que se tenha residência no Brasil é o que consubstancia ligação conceitual indicativa de conteúdo relacional. Registre que, à época, conflito entre lei federal e lei estadual não se resolvia por critérios fechados de fixação de competência. De igual modo do que ocorre nos Estados Unidos da América hoje, a lei federal deveria ser aplicada se estivesse em conflito com lei estadual.

Ainda em tema de direito tributário de fundo internacional, as concepções de Clóvis Beviláqua relativas ao regime de imunidades que se aplicaria aos imóveis de propriedade de diplomatas, no sentido de que:

> A doutrina brasileira a respeito de imóveis pertencentes a Ministros diplomáticos, acreditados junto ao Governo brasileiro, é a patrocinada pelos melhores autores: - Esses imóveis estão submetidos à lei brasileira, e as ações a eles referentes são da competência dos tribunais locais.

---

[39] BEVILÁQUA. Inconstitucionalidade da Lei do Estado da Bahia nº 1.933, que criou imposto sobre os bens adquiridos, por herança ou doação, pelos estrangeiros residentes fora do país. Parecer, 31 ago. 1927.

Conseqüentemente estão sujeitos a impostos prediais, execuções, penhoras e vendas judiciais. Se, porém, se tratar de edifício onde funcione a Embaixada ou a Legação, estará isento de impostos, penhor e venda forçada, por dever de alta cortesia, que entra nos costumes internacionais que adotamos. A Convenção celebrada em Havana, o ano passado, a respeito de funcionários diplomáticos, e que já foi aprovada pelo Congresso Nacional, no art. 18, II, declara isentos de impostos territoriais os edifícios das Missões diplomáticas, se pertencerem à Nação respectiva. Se estão isentos de impostos, penso que, com razão mais forte, estão isentos de penhora e execução forçada. Em todo caso não o diz a Convenção de modo claro. Dada, porém, a inviolabilidade do local da Missão, forçoso será concluir pela impenhorabilidade. Essa mesma Convenção, art. 19, estabelece a isenção da jurisdição civil a favor dos funcionários diplomáticos, de modo absoluto, sem consignar exceção referente a imóveis. Creio, porém, que não houve intenção de alterar, neste ponto, a norma aceita. A isenção é pessoal, abrange habitação, mas não pode estender-se aos imóveis de propriedade do funcionário. Em todo caso, se essas normas podem ser ampliadas a outras Nações, somente às signatárias da Convenção se aplicam de direito.[40]

Modernamente, o entendimento que se tem é o mesmo enunciado por Beviláqua, em 1929. No núcleo do parecer a compreensão de que a isenção tributária conferia à legação imunidade no que toca à execução, relativa a supostos tributos devidos. Não se teria execução forçada onde houvesse imunidade fiscal.

Beviláqua construiu a reflexão, dado que não havia referência específica, na Constituição então vigente, de 1891. O parecerista entendia que se a missão era inviolável, impenhorável seria o imóvel. A impenhorabilidade era característica e resultado da inviolabilidade.

A fixação do princípio da territorialidade, no que se refere ao imposto de transmissão de propriedade *causa mortis* foi objeto de parecer redigido por Clóvis Beviláqua que, nesse particular, também seguia a jurisprudência do Supremo Tribunal Federal; isto é, ao Brasil só se permitia a tributação em relação a fatos gerados efetivamente ocorridos em nosso próprio território.

O que se percebe, no caso, é problema de isenção heterônoma.[41] Tem-se a impressão de que a União pretendia fixar regra de reciprocidade

---

[40] BEVILÁQUA. Imóveis pertencentes a diplomatas. Parecer, 24 jan. 1929.
[41] A isenção heterônoma é proibida pela Constituição Federal de 1988 que dispõe que é vedado à União instituir isenção de tributos da competência dos Estados, do Distrito Federal ou dos Municípios. No entanto, o Supremo Tribunal Federal já decidiu que a União pode isentar tributos de competência estadual, distrital ou municipal por intermédio de tratado

com outro país, em relação a tributo estadual, que não era de competência da União. Embora algumas constituições tenham efetivamente previsto a possibilidade de que a União isentasse por meio de tratado tributo estadual, à época do parecer abaixo reproduzido, Beviláqua foi peremptório no sentido de que à União era defeso isentar tributo estadual:

> É princípio geralmente reconhecido no Brasil, por suas leis fiscais, visto de acordo com as ciências das finanças e com o direito constitucional, que o imposto é, essencialmente, territorial, somente recai sobre bens existentes no território brasileiro. Como declarou o Supremo Tribunal Federal, em acórdão de 23 de agosto de 1922 (Revista do mesmo Tribunal, vol. XLVIII, pág. 157 e seguintes), ato privativo da soberania é, como ela, essencialmente territorial. O imposto de transmissão da propriedade, causa mortis, que é o de que se trata, pertence aos Estados que não tributam senão os bens nele situados (...) Não cabe ao Poder Executivo assegurar a reciprocidade, porque isso importaria em convenção que depende de aprovação do Congresso Nacional. Aliás, seria inútil essa garantia de reciprocidade, pois, sem ela, por simples aplicação do nosso direito fiscal, os bens situados no estrangeiro estão isentos do imposto de transmissão da propriedade, no Brasil.[42]

---

internacional. No RE nº 258.759-AgR, relatado pelo Min. Marco Aurélio, em julgamento de 23.9.2008, ementou-se como segue: "Tributo. Isenção. Art. 151 da CF. Política Internacional. No julgamento do RE 229.096/RS, o Colegiado Maior proclamou a possibilidade de a União, atuando no campo internacional, disciplinar a isenção de tributo da competência dos Estados e do Distrito Federal".
O *leading case*, no entanto, citado pelo Min. Marco Aurélio, é o RE nº 229.096, relatora para o acórdão a Min. Cármen Lúcia, em julgamento de 16.8.2007, cuja ementa é a seguinte: "Direito Tributário. Recepção pela Constituição da República de 1988 do Acordo Geral de Tarifas e Comércio. Isenção de tributo estadual prevista em tratado internacional firmado pela República Federativa do Brasil. Artigo 151, inciso III, da Constituição da República. Artigo 98 do Código Tributário Nacional. Não caracterização de isenção heterônoma. Recurso Extraordinário conhecido e provido. 1. A isenção de tributos estaduais prevista no Acordo Geral de Tarifas e Comércio para as mercadorias importadas dos países signatários quando o similar nacional tiver o mesmo benefício foi recepcionada pela Constituição da República de 1988. 2. O artigo 98 do Código Tributário Nacional 'possui caráter nacional, com eficácia para a União, os Estados e os Municípios' (voto do eminente Ministro Ilmar Galvão). 3. No direito internacional apenas a República Federativa do Brasil tem competência para firmar tratados (art. 52, §2º, da Constituição da República), dela não dispondo a União, os Estados-membros ou os Municípios. O Presidente da República não subscreve tratados como Chefe de Governo, mas como Chefe de Estado, o que descaracteriza a existência de uma isenção heterônoma, vedada pelo art. 151, inc. III, da Constituição. 4. Recurso extraordinário conhecido e provido".

[42] BEVILÁQUA. Imposto de transmissão de propriedade causa mortis e o caráter territorial desse imposto. Parecer, 24 set. 1929.

Especificamente em relação à isenção de imposto de selo aos embaixadores, Beviláqua insistia na isenção de impostos pessoais. O caso que se colocava era interessantíssimo. Pretendiam as autoridades fiscais brasileiras cobrar imposto do selo sobre transferências que o embaixador dos Estados Unidos recebia por intermédio do City Bank. O imposto do selo enquadrava-se na regra geral da isenção. Não era um imposto territorial, e também não era uma taxa. Segue excerto do parecer de Beviláqua:

> Tenho a honra de dar a Vossa Excelência a minha opinião a respeito da isenção de imposto de selo aos Embaixadores. A doutrina adotada no Brasil, há longos anos, é que os agentes diplomáticos estão isentos dos impostos pessoais, assim como dos aduaneiros e dos que recaem sobre imóveis. Somente os impostos reais sobre imóveis fogem a essa regra de isenção. Também não há isenção quanto às taxas, embora a respeito de algumas se tenha concedido. As nossas leis não firmaram uma regra geral. Reconhecem, porém, que os Embaixadores e Ministros estrangeiros acreditados no Brasil estação isentos de vários impostos como os de consumo, de Alfândega etc. A convenção II, de Havana, referente aos funcionários diplomáticos, declara no art. 18 que esses funcionários são isentos: I - De todos os impostos pessoais, sejam nacionais ou locais. II - De todos os impostos territoriais, o edifício da Missão, quando este pertença ao Governo respectivo. III - Dos direitos de Alfândega sobre objetos destinados ao uso oficial da Missão, ou ao uso pessoal dos funcionários diplomático, ou de sua família. Ainda que não sejam muito claras estas últimas disposições eu as entendo como consagrando a doutrina a que aludi em começo. Portanto, as transferências recebidas, no City Bank, em nome do Senhor Embaixador dos Estados Unidos da América, devem estar isentas do imposto de selo, inclusive a que foi recebida em seu nome particular, sem declaração do fim ou objeto a que se aplica. O imposto de selo não é territorial nem taxa. Entra na regra geral de isenção.[43]

Compreendendo que laudêmio não tinha natureza tributária, Beviláqua opinava que os Estados estrangeiros deveriam recolher tais valores, na medida em que fossem responsáveis por imóveis localizados em territórios foreiros.

Beviláqua entendia que o laudêmio não era um tributo, que sua cobrança não sugeria nenhuma forma de isenção, e que Estados estrangeiros não estavam dispensados do recolhimento. Segundo Beviláqua:

---

[43] BEVILÁQUA. Isenção de imposto de selo aos embaixadores. Parecer, 15 jul. 1931.

Não vejo razão para que o Estado estrangeiro se ache dispensado de pagar laudêmio, quando compra prédio situado em terreno foreiro. O laudêmio não é imposto. É a compensação dada ao senhorio direto por não exercer, no momento da alienação, o seu direito de preferência, consolidando a propriedade em sua pessoa (Código Civil, arts. 683 a 686). A Áustria comprou o domínio útil ao dono do prédio, e o laudêmio ao senhorio direto. O enfiteuta, que lhe vendeu o prédio, somente lhe podia transferir o que era dele, o domínio útil. Segue-se daí que a nova proprietária, a República da Áustria, é enfiteuta, e nesta qualidade tem de pagar os foros a que está sujeito o terreno. Quanto a impostos e taxas, o palácio da Legação de propriedade de um Estado estrangeiro deve gozar de plena isenção, não por efeito do princípio da extraterritorialidade, hoje abandonado, mas por aplicação do princípio de independência, que os Estados acatam. Se o senhorio direto é a União, poderá isentar-se, se assim parece conveniente, a Áustria de pagar foros, por concessão especial, que lhe faça. Sem isso subsistirá a obrigação. Foro também não é imposto.[44]

Diferenciando impostos e taxas, em época que em muito tempo antecedia nosso Código Tributário Nacional, Beviláqua aproveitava também para diferenciar cortesia internacional de inexistência de obrigação jurídica. Além do que, porque taxas e impostos guardavam diferenças, não se poderiam inserir estas duas fórmulas exacionais num contexto único, de isenções gerais:

> Deseja saber se as taxas de aparelho de rádio e de pena d'água se acham compreendidos na isenção de impostos, que usufruem as Missões diplomáticas. As taxas são remunerações de serviços prestados, não são impostos no sentido próprio do termo; portanto não se incluem, de regra, na isenção de impostos. Todavia, como essa isenção é concedida por cortesia internacional e não por cumprimento de uma obrigação jurídica, está longe de apresentar uniformidade na prática das nações.[45]

A questão tributária das embaixadas fora esclarecida objetivamente em parecer relativo ao imposto predial, supostamente incidente sobre imóvel alugado à legação do Peru. Na ocasião, Beviláqua entendeu que as obrigações que vinculam locador e locatário seriam estranhas ao fisco. Por isto, eventual isenção não alcançaria imóvel que não fosse de embaixada, embora por ela ocupado, em regime de locação:

---

[44] BEVILÁQUA. Pagamento de laudêmio pela compra do edifício da legação da Áustria. Parecer, 21 set. 1931.
[45] BEVILÁQUA. Isenção de impostos e taxas às missões diplomáticas. Parecer, 13 out. 1931.

A respeito de impostos que recaem sobre o prédio alugado à Legação do Peru, o meu parecer é o seguinte: O imposto predial e as taxas de saneamento são devidos pelo proprietário e não pelo locatário. Quando este assume obrigação de pagar esses encargos, é o preço da locação, que assim se aumenta, havendo uma obrigação pessoal entre locador e locatário, que não interessa ao fisco. Parece-me portanto, que, não sendo a Legação devedora do imposto predial e da taxa de saneamento, que recaem sobe o prédio por ela ocupado, não se acha envolvida, no caso, a isenção de que gozam os agentes diplomáticos. A questão se decide entre o proprietário e o fisco, ficando a ela estranha a Legação, que é simples locatária. Não temos lei que isente de todos os impostos os prédios alugados a Embaixadas ou Legações. Se o prédio pertence à Nação, que a Missão diplomática representa, estará isento desse ônus; mas se pertence a particular, e o agente diplomático é apenas locatário, a isenção não favorece o locador. Essa doutrina do direito pátrio acha-se consagrada na III convenção assinada em Havana, a 20 de fevereiro de 1929, relativa aos agentes diplomáticos, art. 18: "Os funcionários diplomáticos serão isentos, no Estado, em que se acharem acreditados: (...) 2º - De todos os impostos territoriais sobre o edifício da missão, quando este pertencer ao Governo respectivo. Se, em virtude de dívida fiscal, o prédio for à praça, é direito da Legação impedir que alguém, sob qualquer pretexto ou razão, nele penetre sem o seu consentimento".[46]

Beviláqua opinou também a propósito de assunto de extrema atualidade, relativo ao recolhimento de cotas de previdência, por parte de embaixada, enfocando a questão à luz de conceitos de imunidade. Entendeu o jurista cearense que a cota previdenciária deveria ser definida como um imposto de aplicação especial. E deu razão para a embaixada:

Tenho a honra de responder ao ofício de Vossa Excelência, datado do dia 2 do mês fluente, que se ocupa da nota do Senhor Embaixador americano, relativa ao pagamento da cota de previdência. Penso que ao Senhor Embaixador não falta razão, do ponto de vista dos princípios de direito internacional. A contribuição do Estado para as Caixas de aposentadorias e pensões do decreto nº 20.465, de 1º de outubro de 1931, art. 8º, letra e) tomou a forma de imposto cobrado pelas Companhias que exploram serviços públicos (citado decreto, art. 1º). O Estado assumiu a obrigação de contribuir para as Caixas de aposentadoria e pensões; mas não tinha a sua contribuição da sua receita geral; cobra-a dos que recebem serviços das Companhias mencionadas acima, por meio de acréscimo nos preços dos serviços explorados. Não se trata

---

[46] BEVILÁQUA. Imposto predial cobrado à Legação do Peru. Parecer, 09 jan. 1932.

de uma taxa por serviço prestado, como por exemplo as dos correios e telégrafos da União, e sim de um imposto com aplicação especial. A cortesia internacional isenta as representações diplomáticas estrangeiras de impostos, que não sejam os reis, quer tome por base o valor dos imóveis que a sua renda, excluídos o edifício da propriedade dos Estados estrangeiros onde funcionam as respectivas missões, etc. O imposto criado pelo art. 8º, letra e do decreto nº 20.465, de 1º de outubro de 1931, não entra nessa categoria excepcional. É tributo que recai sobre pessoas. Tem, certamente, finalidade beneficente; mas, se a Embaixada reclama contra o seu pagamento, acho que o direito internacional lhe dá apoio (Convenção VII, de Havana, sobre funcionários diplomáticos, art. 24). É o que me parece.[47]

O assunto foi retomado em parecer provocado pela Embaixada dos Estados Unidos, pendendo pela solução da Convenção de Havana, no sentido de se isentar aos agentes diplomáticos. A convenção, de fato, conferia prerrogativas para os funcionários diplomáticos:

Tenho a honra de emitir o meu parecer a respeito do que expõe a Embaixada americana em nota nº 1.674, de 3 deste mês. Acho fundamento na reclamação. Ainda que a cota de previdência tenha finalidade preponderantemente humanitária para benefício de todos os que residem no país, a ela não são obrigados os agentes diplomáticos acreditados junto ao nosso Governo. Em particular, os membros da Embaixada americana, no número dos quais se incluem os adidos comercial e naval, tem essa prerrogativa assegurada em tratado. A Convenção de Havana relativa aos funcionários diplomáticos, art. 18, declara esses funcionários isentos, no país onde se acham acreditados, de todos os impostos pessoais compreendendo-se por essa expressão os que não são territoriais nem aduaneiros. Portanto, se eles se recusam a pagar a cota de previdência, estão no seu direito. Quanto aos Cônsules de carreira, a solução é a mesma, em face do art. 14 da Convenção de Havana, referente aos agentes consulares.[48]

Isenção de impostos pessoais também foi questão que suscitou parecer, a propósito da cobrança, em desfavor da embaixada do Chile, de uma exação incidente sobre condução de inflamáveis:

A Convenção relativa a funcionários diplomáticos, concluída em Havana, a 20 de fevereiro de 1928, estabelece, no seu art. 18, como

---

[47] BEVILÁQUA. Cota de previdência. Parecer, 09 mar. 1932.
[48] BEVILÁQUA. Isenção da cota de previdência. Parecer, 18 ago. 1932.

prerrogativa das Missões diplomáticas, a isenção de impostos pessoais, aduaneiros e territoriais referentes ao edifício, onde funcionam. Deste dispositivo resulta que estão sujeitas, exclusivamente, aos impostos territoriais, excluídos aliás os que recaírem sobre o edifício aonde se achem funcionando. Qualquer outra categoria de impostos, nacionais e locais, não pode ser exigida dos representantes diplomáticos acreditados junto ao Governo do Brasil, quando pertençam aos signatários da mencionada Convenção. Aliás é de direito internacional comum esse princípio. Não há, portanto, fundamento para se exigir, da Embaixada do Chile, o pagamento do imposto guia de condução de inflamáveis.[49]

Para Beviláqua, a imunidade tributária que favorecia ao Corpo Diplomático, por força de lei, decorria da internalização de costume que sufragava a cortesia internacional. No caso, entendeu Beviláqua que as isenções não eram extensíveis às taxas, dado que estas últimas apenas remuneravam serviços prestados. Era o caso, por exemplo, das antigas taxas de correios e telégrafos:

> No Brasil, a isenção de impostos concedida ao Corpo Diplomático se funda, em primeiro lugar, em ato de cortesia internacional, que se tornou direito consuetudinário sempre aplicado liberalmente; e hoje tomou forma escrita com a Convenção de Havana sobre Funcionários diplomáticos, promulgada pelo decreto número 18.956, de 22 de outubro de 1929. A isenção compreende: I - Todos os impostos pessoais, que incidem sobre móveis, sejam nacionais ou locais. II - Todos os impostos que recaiam sobre o prédio onde funciona a Missão, quando este pertencer ao Governo respectivo. III - Os direitos Alfandegários sobre objetos destinados ao uso oficial da Missão, ao dos funcionários diplomáticos e ao das suas famílias. A isenção não se estende às taxas propriamente ditas, por serem remunerações de serviços prestados, como as de correios e telégrafos, sendo que, a algumas delas se tinha plicado a isenção pelo caráter, que apresentam, de semelhança com os impostos. Fundado nesses elementos, respondo à consulta, quanto ao caso concreto: As Missões diplomáticas acreditadas no Brasil estão isentas do selo sobre talões de depósitos bancários, por não ser imposto territorial nem taxa. Também estão isentas da taxa sobre fátuas de hospedagem e gastos de hotel, por não ser taxa, no sentido próprio da expressão, e por seu caráter pessoal.[50]

---

[49] BEVILÁQUA. Guia de condução de inflamáveis. Parecer, 29 ago. 1932.
[50] BEVILÁQUA. Isenção de impostos e taxas em favor das missões diplomáticas. Parecer, 24 maio 1933.

Beviláqua insistia na prestabilidade da Convenção de Havana, de 1928, e concebia a imunidade tributária, em âmbito diplomático, da forma mais ampla possível:

> Penso que a Convenção concluída em Havana a 20 de fevereiro de 1928, sobre agentes consulares, como parece à Embaixada americana, isenta do imposto de emergência criado em São Paulo, os membros do Consulado dos Estados Unidos da América no mesmo Estado. A isenção é ampla. Somente não abrange os impostos, que incidem sobre imóveis e seus produtos, e não favorece os agentes e mais funcionários consulares, que se dediquem a negócios com fins lucrativos. Tal é o preceito do art. 20 da mencionada convenção, que não ampliou as regalias consulares a esse respeito, senão quanto aos funcionários do Consulado, pois que o Cônsul já gozava dessa isenção, como tive ocasião de consignar no meu Direito Público Internacional, I, §139, e melhor definiu a situação que era sujeita a controvérsias.[51]

Sem renunciar à soberania dos Estados, o que qualificaria a possibilidade de eventual tentativa de se cobrarem tributos de outros Estados, Beviláqua inseria nessa mesma soberania o exercício de certa cortesia, que atenderia a postulados inevitáveis de convivência internacional. Insistia que a lei deveria respeitar direitos adquiridos. Intuía diferenças entre o Estado que legisla, e é soberano, e o Estado que contrata, e que está sujeito às próprias leis que produziu:

> Sem dúvida, o Estado é soberano em decretar as bases de sua organização econômica; em fixar a incidência e forma de pagamento dos seus impostos; em estabelecer as normas reguladoras das relações jurídicas travadas no seu território. Mas há que ponderar por um lado, que as leis, nos países cultos, não podem ser ordens arbitrárias; tem limites impostos pelo conjunto das condições da vida social e não podem desrespeitar os direitos adquiridos; hão de estatuir para o futuro, sem o que lançarão o germe da desorganização social, destruirão a estabilidade essencial à ordem jurídica. Pro ouro lado, há que atender a uma distinção irrecusável. O Estado, quando legisla, é autoridade soberana, mas, quando contrata, se sujeita às leis que ele mesmo estabeleceu e à regra fundamental dos contratos que é sua força obrigatória para as partes contraentes. *Pacta sunt servanda*.[52]

---

[51] BEVILÁQUA. Isenção de impostos e taxas em favor das missões diplomáticas. Parecer, 06 jun. 1933.

[52] BEVILÁQUA. Decreto nº 23.501 – Observação do governo britânico. Parecer, 30 jan. 1934.

Beviláqua retomou o assunto em parecer que redigiu a propósito da situação dos bens de raiz de diplomatas estrangeiros no Brasil, do ponto de vista estritamente tributário. Insistiu que não se poderia falar em imunidade em relação a imóvel pessoal do representante diplomático ou de membro de sua família:

> Quer em face dos princípios de direito internacional comum, adotado no Brasil, quer em face da Convenção de Havana, referente aos funcionários diplomáticos, a situação é a mesma, quanto aos impostos sobre bens de raiz. Os imóveis sitos no Brasil, pertencentes a membro do Corpo diplomático, ou à sua mulher, estão sujeitos aos impostos federais e municipais que sobre os mesmos recaiam. No meu Direito Público Internacional, I, pág. 438, escrevi, condensando a doutrina geralmente seguida: os impostos reis, quer tomem por base o valor do imóvel, quer a sua renda, os de transmissão de propriedade, os de selo e registro são, de ordinário, cobrados. A isenção de que gozam os membros é relativa aos impostos pessoais, entre os quais se inclui o imposto de renda. A Convenção de Havana, art. 18, isenta os funcionários diplomáticos de impostos pessoais e alfandegários, deixando perceber que estão sujeitos aos reais. Isenta o edifício da Missão, quando propriedade do Governo do respectivo país. Esta exceção, aliás, é geralmente aceita. A situação é, portanto, a mesma para todos os representantes diplomáticos acreditados no Rio de Janeiro.[53]

Em meados de 1934 persistia o problema, no que se refere à isenção de impostos e taxas, devidos por missões diplomáticas. Clóvis Beviláqua fixou entendimento que, de certa forma, persiste até hoje, com alguma alteração de pormenor:

> A Convenção de Havana sobre funcionários diplomáticos isenta-os de impostos pessoais, dos reais sobre o edifício da Missão, quando pertencente ao respectivo Governo, e dos aduaneiros sobre objetos de uso oficial da Missão ou pessoal do funcionário ou de sua família (art. 18). Das taxas propriamente ditas, em regra não há isenção. Particularizando os casos da consulta da Embaixada americana, direi: 1º) As taxas sobre gasolina, inclusive direitos de alfândega, consumo etc., desde que a gasolina se destine a serviço oficial da Embaixada, ou ainda pessoal do Embaixador e funcionários, não devem ser exigidas. 2º) Não há isenção quanto a selos e taxas a que estão sujeitos documentos, recibos e atos de disposição. 3º) Das taxas de consumo e contas de hotel estão isentos os funcionários da Embaixada, a começar pelo Embaixador. 4º) Já em

---

[53] BEVILÁQUA. Bens de raiz de diplomatas estrangeiros. Parecer, 28 abr. 1934.

parecer de 10 de agosto de 1932 opinei que os diplomatas estrangeiros acreditados unto ao Governo do Brasil estão isentos do pagamento de cota de previdência. Para evitar dúvidas futuras e a reprodução de consultas semelhantes à que acabo de responder, como de quando em vez surgem, seria conveniente que o Governo organizasse uma lista das isenções.⁵⁴

Eventualmente, tributação local também suscitava intervenção do Itamaraty, como se lê em parecer de Clóvis Beviláqua, datado de setembro de 1934:

Tenho a honra de responder ao ofício de Vossa Excelência, P/24/9(44)(42)128, do dia 3, ontem recebido, referente ao pagamento das taxas sanitárias e de conservação de calçamento, que a Prefeitura pretende cobrar da Embaixada do Uruguai. É bem de ver que não resolve o caso o que disponha a lei municipal, senão quando se acha a mesma conforme os princípios do direito internacional, concernentes à matéria, princípios que, em parte, se acham fixados em atos internacionais e, em parte, no uso das nações cultas. Como ato internacional, podemos recorrer, para nosso esclarecimento, à Convenção relativa a Funcionários Diplomáticos, concluída em Havana, a 20 de fevereiro de 1928, e promulgada no Brasil por Decreto nº 18.956, de 22 de outubro de 1929, a qual consagra o princípio da isenção de impostos pessoais, sejam nacionais ou locais, em favor dos funcionários diplomáticos acreditados junto ao Governo da República, assim como isenta de impostos territoriais o edifício da Missão estrangeira, se pertencer ao respectivo Governo. Não resolve essa convenção o caso proposto, porque se refere a impostos, e a Prefeitura pretende cobrar taxas, que são contribuições por serviços prestados. Todavia, considerando que essas taxas dizem de perto com os pedidos das missões diplomáticas, quando aos mesmos se referem, forçoso será estender a isenção até elas, quando esse edifício pertencer ao Governo do país da Missão. Por outro lado, nos devem guiar, nesta ordem de idéias, dois princípios: o da cortesia e o da reciprocidade. As normas da cortesia nos aconselham a isentar os pedidos das Missões estrangeiras de quaisquer contribuições, quando pertencentes à Nação respectiva. E a reciprocidade nos leva a indagar como em Montevidéu se procede, em casos semelhantes, com relação à Embaixada do Brasil. E esta norma resolverá, pro fim, toda a dúvida. Concluo. Se, em Montevidéu, a Embaixada do Brasil está sujeita a contribuições semelhantes às de que nos estamos ocupando, não há razão para, no Rio de Janeiro, isentar a Embaixada do Uruguai das taxas que fazem objeto do ofício da Prefeitura. Se não há tais contribuições, por qualquer motivo, não

---

⁵⁴ BEVILÁQUA. Isenção de impostos e taxas às missões diplomáticas. Parecer, 10 jul. 1934.

devemos exigi-las. Impõe-se este procedimento o deve de cortesia, se não a interpretação a Convenção de Havana.[55]

Questão muito atual, e que fomentou pareceres de Beviláqua, é relativa à extensão das imunidades dos agentes diplomáticos, no sentido de que tais prerrogativas somente se estenderiam aos próprios agentes, bem como aos familiares, a par de auxiliares diretos, civis ou militares:

> A minha opinião é que as imunidades e prerrogativas atribuídas, pelo direito internacional, aos representantes diplomáticos, somente favorece os mesmos, suas famílias e os seus auxiliares civis ou militares (secretários, conselheiros, adidos correios etc.). Portanto, os *chauffeurs* dos membros do Corpo Diplomático podem ser submetidos à matrícula e aos regulamentos da Inspetoria de Veículos. Esta opinião, porém, não é, geralmente, aceita. Assim é que o Projeto Americano, nº 22, art. 30 estende a isenção da jurisdição local aos criados dos agentes diplomáticos. E são do mesmo parecer Moore, Mérignhac e Lafayette. Não os acompanho, porque as imunidades diplomáticas são averiguadas aos Ministros e Embaixadores, para que possam cumprir, sem embaraços, a sua missão, e porque representam um Estado soberano. Amplia-se esse privilégio à família doa agente diplomático, por motivos óbvios de afeição e dignidade. E estende-se aos auxiliares do agente diplomático porque são funcionários da Legação ou Embaixada, postos ao lado do agente para cumprimento da sua missão. Os criados, porém, são empregados não do agente, como pessoa pública, e sim do indivíduo, como pessoa particular, como homem. E Bonfils cita o caso de um cocheiro da Embaixada da França em Berlim que foi preso por infração de regulamento policial, sem que o Embaixador se achasse com direito de reclamar. Como, porém, não é ponto líquido em direito internacional esse de que tratamos, conviria que o Senhor Ministro sondasse os ânimos dos membros do Corpo Diplomático, a fim de que a media que tivesse de ser tomada fosse geral e não provocasse suscetibilidades, ou nada se fizesse para não criar precedente.[56]

Respondendo consulta da legação da Polônia, a propósito do conjunto de prerrogativas e imunidades diplomáticas consideradas como tais pelo direito brasileiro, Beviláqua inventariou a inviolabilidade pessoal, a isenção de jurisdição civil e criminal, a inviolabilidade de habitação, a liberdade para expedição e recepção de correspondência,

---

[55] BEVILÁQUA. Isenção de impostos e taxas às missões diplomáticas. Parecer, 06 set. 1934.
[56] BEVILÁQUA. Extensão das imunidades de que gozam os agentes diplomáticos. Parecer, 04 fev. 1927.

a isenção de impostos pessoais sobre imóveis, buscando-se completa independência, em tudo quanto dizia respeito à qualidade de representante de um Estado estrangeiro.

Beviláqua também projetava tal conjunto de imunidades e prerrogativas à família do chefe da Missão, quanto a pessoa e bens imóveis, a par de funcionários civis e militares da Missão, e respectivas famílias. Bem entendido, segundo Beviláqua, essa imunidade não alcançaria os funcionários da Missão, a exemplo dos motoristas.[57]

Para Beviláqua as imunidades justificavam-se na medida em que se deveria conferir ao agente diplomático a liberdade necessária para que se desincumbisse de sua função. Nesse sentido, parecer de Beviláqua, a propósito de retenção de retenção de títulos ao portador pertencentes a encarregado de negócios do Brasil vivendo em La Paz, na Bolívia:

> Vejamos. Em primeiro lugar, as imunidades são concedidas, aos agentes diplomáticos, para que eles tenham liberdade de ação e prestígio suficiente para bem se desempenharem das suas elevadas funções de representantes de um Estado soberano. Ora, o fato, que o nosso representante na Bolívia considera ofensivo da dignidade do seu cargo, não somente se passou na esfera das relações particulares, puramente econômicas de Sua Excelência, com, ainda, não se dirigiu, diretamente à sua pessoa, e sim a títulos sem designação de proprietário. Assim como se achavam esses títulos em poder do nosso Encarregado de Negócios, poderiam estar em poder de outra pessoa, pois se trata de títulos, que passam e correm de mão em mão, sem averbação e sem nota das passagens efetuadas.[58]

Ainda em tema de imunidade, não obstante não se tratar de matéria fiscal, Beviláqua opinou que diplomatas estrangeiros estavam submetidos a regras do Código de Caça e Pesca, no que ser refere ao porte de armas destinadas à caça:

> As disposições do Código de Caça e Pesca, referente ao porte de armas destinadas ao exercício da caça, são de caráter policial. Os membros do Corpo diplomático estrangeiro não podem subtrair-se aos regulamentos policiais que acautelam a segurança pública. Penso, por isso, que necessitam de autorização do Governo brasileiro para o uso pessoal de

---

[57] BEVILÁQUA. Prerrogativas e imunidades diplomáticas – Consulta da Legação da Polônia sobre aplicação, pelo Brasil, do princípio da exterritorialidade. Parecer, 20 jun. 1930.

[58] BEVILÁQUA. Retenção de títulos ao portador pertencentes ao encarregado de negócios do Brasil em La Paz. Parecer, 25 abr. 1913.

armas de caça. Essa autorização dispensa-los-á das formalidades comuns, estabelecidas pelo mencionado Código, e as autoridades policiais não podem constrangê-los à obediência dos preceitos regulamentares. Cônscios de sua posição excepcional, saberão que devem respeitar a ordem jurídica do país onde se acham acreditados.[59]

O Itamaraty recorrentemente tem opinado sobre problemas de imunidade. Em 1963, por exemplo, o então Consultor Haroldo Valadão confeccionou importantíssimo parecer, relativo à ação cominatória e ao consequente despejo. Questionou-se o Consultor Jurídico do Itamaraty se a imunidade de jurisdição exigiria renúncia de forma expressa, bem como se seria competência do MRE cientificar a ré a respeito da ação e da decisão que corriam contra ela. Em outras palavras, seria competência do Itamaraty dar ciência de despejo?

Na origem da discussão o Ofício nº 750, do Juiz da 6ª Vara Cível da Guanabara. O contrato de aluguel, ao que consta, ao fixar eleição de foro para discussão das respectivas cláusulas, manifestaria renúncia explícita de imunidade. Até então se entendia que a imunidade decorria de três fontes: do direito consuetudinário, da prática inveterada das Nações e dos usos internacionais.

No caso, houve tentativas de negociação. Representantes da Bolívia insistiam que não renunciariam às imunidades. Mantida a posição, teríamos afronta ao direito de propriedade, tal como definido pelo direito brasileiro. A ação de despejo correu a revelia; a Bolívia não apresentou contestação. Em princípio, a lei do inquilinato é de ordem pública, o que problematizaria a tese da imunidade.

O Brasil, assim, poderia ser responsabilizado internacionalmente, no caso de despejo judicial de sede de representação diplomática de Estado estrangeiro, no entender do parecerista, que concluiu que não caberia enviar o ofício de intimação à Embaixada da Bolívia.

Mais tarde, em 1963, Amílcar de Araújo Falcão opinou, também em tema de imunidade, sobre confisco de dólares, por parte dos Estados Unidos, de propriedade do Brasil, que havia confiscado tais valores da Alemanha, em 1942, no contexto da Segunda Guerra Mundial. Por força do Decreto-Lei nº 4.166, de 11.3.1942, o Brasil havia confiscado do governo alemão no Brasil a quantia de US$111.343,00.

Requerendo que os Estados Unidos substituíssem as cédulas, dada orientação daquele país, o Brasil enviou o dinheiro ao Federal

---

[59] BEVILÁQUA. Uso de armas de caça. Parecer, 19 maio 1934.

Reserve Bank de Nova Iorque. As notas foram enviadas a país amigo, fiado na orientação que se seguia. Em 9.1.1952 o governo norte-americano nos comunica que tais valores estavam confiscados, por força de débitos que o governo alemão tinha para com os Estados Unidos.

Mostrando certa inflexibilidade, invocava-se que de acordo com convenção assinada em Bruxelas um governo tem jurisdição exclusiva sobre as cédulas que põe em circulação, em qualquer local do mundo. Argumentávamos que não se tratava de transferência de posse de bens, mas de garantia legal, tal como um penhor ou uma hipoteca, que tinha por objetivo propiciar o ressarcimento de prejuízos que Alemanha nos causara.

Havia dois pontos para se considerar. A soberania em face da moeda — *Geldhoheit, Munzregal, Jus Cundendae Monetae* —, isto é, o Estado que cunhou a moeda tem competência para tirá-la de circulação. No entanto, moeda é coisa móvel, sua transferência está sujeita a *lex rei sitae*. E por estar originariamente no Brasil, ao Brasil caberia regulamentar a matéria. Os Estados Unidos teriam competência no que toca a cunhagem, fixação de valor nominal, desvalorização ou depreciação da moeda. Mas não teriam competência para confiscá-la do Brasil.

Outro tema relevante, em âmbito de imunidade, foi tratado por Augusto de Rezende Rocha, em 1974, referente a ação trabalhista que corria na Alemanha contra o Consulado Brasileiro em Berlim, e na qual havia decisão contrária ao Brasil. Questionava-se se era a repartição consular que se beneficiava com isenções no país recipiendário ou se alguns de seus membros gozariam do benefício, ainda que em caráter genérico.

Entendeu-se que o chefe da repartição consular seria o responsável pelo fiel cumprimento das obrigações previdenciárias incidentes no país recipiendário. Repartição consular qualifica-se por natureza administrativa. Criticou-se juiz norte-americano que teria determinado citação de embaixador brasileiro, e por via postal, comparando missão diplomática a firma comercial devidamente organizada.

Referindo-se à Convenção de Viena, o parecerista questionou de que valeria dispositivo expresso relativo à previdência social na convenção, se o queixoso não poderia requerer cumprimento da regra pela via judicial. Recomendou-se que as autoridades brasileiras em Berlim executassem voluntariamente a sentença, notificando-se a Alemanha de que nosso cumprimento era voluntário e espontâneo, e que não reconhecíamos a jurisdição dos tribunais alemães.

Em 1983 Franchini Neto fixou importante entendimento relativo à ação que se movia contra o Brasil, na justiça norte-americana.

O dogma da igualdade entre os Estados na ordem internacional (*par in parem non habet imperium*), no sentido de que a soberania qualifica autoridade suprema que não está sujeita a nenhum outro poder soberano, foi retomado em resposta dada a consulta relativa a ação que corria nos Estados Unidos contra o Brasil.

Lembrou-se a doutrina de Hans Kelsen, para quem um Estado está apenas sujeito ao Direito Internacional, e não ao direito nacional de outro Estado. Retomou-se também o princípio da inviolabilidade do diplomata, de sua residência, de sua correspondência, e de seus bens, tudo extensivo à sua família, em função da imunidade de jurisdição, penal, civil e administrativa. Concluiu-se que ao Brasil não caberia aceitar a jurisdição de tribunal estrangeiro.

A personalidade jurídica do Estado brasileiro seria inatingível por leis locais. A renúncia à imunidade deveria ser expressa. Nos termos do parecer, dever-se-ia instruir o advogado brasileiro que atuava no caso para explicitar que o Brasil não reconhecia a competência de tribunal local. A embaixada não deveria (e nem poderia) receber notificação, em relação à ação que se desdobrava contra o Brasil. Além do que, no caso, não teria havido ofensa *por parte do Estado brasileiro*. O que se tinha era ação contra familiar de agente diplomático.

Franchini Neto posteriormente acrescentou adendo ao parecer originário. Afirmou que seria indispensável que se arguisse a incompetência da justiça norte-americana, em relação àquela causa. A notificação da Embaixada Norte-Americana deveria ser devolvida. Deveria se rogar o reenvio para quem inadvertidamente a mandara.

O Ministério das Relações Exteriores não poderia ser citado fora do território brasileiro. Reafirmava-se a soberania do Brasil, o que se desdobrava na impossibilidade de submissão a tribunal estrangeiro. Determinou-se que o advogado brasileiro na causa deveria comparecer apenas como *amicus curiae*.

O Brasil não deveria reconhecer, naquele caso, a competência da justiça norte-americana. Mas também não deveria desconsiderá-la. Tratava-se de se invocar a supremacia do direito internacional em face da ordem interna.

Franchini Neto mais uma vez enfrentou problema semelhante, na ocasião relativa à apelação do Brasil em ação que corria nos Estados Unidos. O *Foreigner State Immunity Act*, de 1976, inovou, ampliando as possibilidades de ajuizamento de ação contra Estado estrangeiro nos Estados Unidos. Transitou-se da imunidade absoluta para a imunidade relativa. Relativizou-se a soberania.

O exercício de atividades comerciais, por parte de Estado estrangeiro nos Estados Unidos é circunstância que permite que não se considere a imunidade. Até então, nos Estados Unidos, era dever do Judiciário aguardar a manifestação do Executivo no que refere às imunidades — *Ex Parte Republic of Peru (318 US 578)* e *Mexico vs. Hoffman (342 US 30)*, ambos os casos de 1945.

O cidadão norte-americano, a partir de 1976, especialmente, poderia ajuizar ação contra Estado estrangeiro, comprovando que este era demandado por uma causa que era ordinariamente comercial. Os motivos pelo qual os Estados Unidos adotaram tal posição eram exclusivamente econômicos.

A relativização da soberania visava resolver problemas gerados pelo relacionamento mercantil entre os povos, num sentido geral e, especialmente, pelo volume de relações comercias que cidadãos norte-americanos realizavam com Estados estrangeiros. Em 19 de maio de 1952, o Consultor Jurídico do Departamento de Estado, Jack B. Tate, enviou carta ao *Attorney-General* dando-lhe conhecimento de como doravante seriam tratadas as questões de imunidade.

A *Carta Tate* (*Tate Letter*), como se conhece o documento, preconizava a valorização da soberania relativa, dado que o aumento da quantidade de negócios entre cidadãos norte-americanos e governos estrangeiros determinava a necessidade de imposição de medidas judiciais que protegessem aos nacionais dos Estados Unidos.

Porém, no caso ao qual se referia o parecer, o foro não seria o mais apropriado porque não se vislumbrava ato de gestão por parte do governo brasileiro, não havia renúncia expressa à imunidade, não se confirmava no evento que dera início ao processo qualquer participação (ou omissão) do Estado brasileiro, ainda que indiretamente, bem como, ao que consta, tinha-se ato de responsabilidade de agente diplomático, e não do Brasil. Não se verificava, na hipótese, qualquer culpa do Brasil, objetiva ou subjetiva, na escolha ou no controle de seu agente.

Em 1985 Franchini Neto opinou sobre imunidade de jurisdição, em tema de acidentes de trânsito imputáveis a diplomatas estrangeiros. O art. 31 da Convenção não isenta o diplomata de responsabilidade civil decorrente de culpa em acidente de veículos. Havia precedente de um caso ocorrido nos Estados Unidos, onde ganhamos em primeira instância. A vítima exigia do Brasil indenização de 10 milhões de dólares.

Para evitar maiores repercussões políticas o Departamento de Estado nos Estados Unidos propôs solução conciliatória e extrajudicial. No Brasil havia o precedente de um caso que envolvera uma embaixatriz da Suécia, bem como havia também notícias de um acidente no qual se envolveu o adido militar da Bolívia. Decidiu-se que as embaixadas seriam chamadas para uma composição. Caso contrário, tentar-se-ia o processamento da demanda e eventual execução.

Cançado Trindade opinou em 1986 a propósito de imunidade de jurisdição em matéria trabalhista. Em setembro de 1995 o Governo de Trinidad-Tobago teria se manifestado negativamente à embaixada brasileira naquele país, pelo fato de que o embaixador de Trinidad-Tobago havia recebido no Brasil uma intimação judicial para comparecer à Justiça Federal onde deveria prestar esclarecimentos relativos ao desdobramento de uma reclamação trabalhista.

Tratava-se de reclamação que motorista da Missão havia ajuizado contra a Embaixada. O Consultor Jurídico do MRE, Cançado Trindade, determinou expedição de circular telegráfica para todas as embaixadas brasileiras, suscitando que se informasse como a matéria (imunidade em questões trabalhistas) era tratada nos respectivos territórios nos quais se encontravam as embaixadas.

O art. 31 da Convenção de Viena excluía a imunidade em três questões: a) ação relativa a imóvel privado do agente, localizado no país recipiendário; b) ação sucessória de interesse privado do agente; c) ação referente a profissão liberal ou atividade comercial por parte do agente, não incluída em suas funções oficiais.

Vingava, por parte do Brasil, interpretação restritiva ou taxativa, da regra convencional. Alguns países seguiam uma *fiel observância das imunidades* (El Salvador, Filipinas, Inglaterra, Israel, Jordânia, Trinidad-Tobago, Zâmbia, Jamaica, Paquistão, República Dominicana, Japão, Gana, Peru e Panamá).

Nos Estados Unidos o Departamento de Estado procurava não se envolver em questões trabalhistas. No Uruguai a Chancelaria encaminhava as reclamações trabalhistas às embaixadas. Na Argentina buscava-se chegar a um acordo amigável.

Em outros países havia *pressão sobre a observância das imunidades* (Suécia), embora, com certo equilíbrio (Guatemala, Finlândia, Costa Rica, El Salvador e Austrália). Na Venezuela houve pressão para que o Brasil pagasse indenização a motorista demitido por justa causa.

Na Alemanha houve condenação do Brasil, caso *Thea Redder*, embora, ao que parece, este último caso tenha sido tratado como uma exceção. Constatou-se que havia também um grupo de países que defendiam *acordo amigável combinado com indenização voluntária em matéria trabalhista* (Argélia, Portugal, Noruega, Dinamarca, Indonésia, Nicarágua, Suíça, Angola, Haiti, Guiné-Bissau, Tanzânia, Quênia, Cingapura e Iugoslávia).

Havia ainda países que defendiam um modelo de *assistência e controle por intermédio de órgãos especiais* (Senegal, Alemanha, antiga Checoslováquia, China e a antiga União das Repúblicas Socialistas Soviéticas).

Por fim, um grupo de países defendia um *estrito cumprimento da legislação trabalhista local*, o que se passava com Áustria, Colômbia, Cabo Verde, Moçambique, Turquia, Bolívia, Espanha, Itália, Cidade Estado do Vaticano, França, Marrocos e Togo.

No Brasil, o agente diplomático do país estrangeiro demandado deveria prestar esclarecimentos no Itamaraty, consignando-se o tratamento que pretendia dar ao caso. Se a intenção do agente não fosse o pagamento, o Brasil deveria informar ao país de origem do diplomata, da recusa, verificando-se, concomitantemente, se havia, de fato, qualquer renúncia expressa de imunidade.

Cançado Trindade opinou, também em 1985, a propósito de uma lei australiana, que tratava de imunidades. A referida lei submetia à jurisdição dos tribunais australianos as representações diplomáticas que havia na Austrália, em ações referentes a transações comerciais, contratos de trabalho com funcionários locais, acidentes.

As imunidades persistiriam para os casos mais propriamente diplomáticos. A Austrália afiliou-se à teoria restritiva. A prática dos Estados, por outro lado, era inconclusiva e não uniforme, bem como a jurisprudência nacional fosse repleta de oscilações e variações.

Foi também Cançado Trindade quem fixou entendimento relativo a fechamento do Consulado Geral brasileiro em Gênova, e das questões trabalhistas que então se desdobraram.

É que, com a extinção do Consulado Geral em Gênova, emergiu a questão da liquidação de direitos sociais supostamente devidos a auxiliares locais da repartição extinta. Confirmou-se tendência restritiva da imunidade jurisdicional em matéria trabalhista, com base na moderna prática que se consolidava nos Estados, inclusive a Itália. À luz das convenções de Viena verificou-se se caberia (ou não) que o governo brasileiro observasse regras locais. Conclui-se que deveria se respeitar as regras trabalhistas lá (Itália) na expectativa que os Italianos respeitassem as regras e decisões daqui.

E ainda Cançado Trindade opinou sobre reclamação de danos de guerra (*war claims*) que a Construtora Mendes Júnior teria a eventualmente reclamar do governo do Iraque. Questionou-se que vias jurídicas teria a construtora para reclamar de danos patrimoniais de guerra que sofrera no Iraque, ao longo da guerra deste último contra o Irã.

Em 1984 esboçou-se acordo entre o Prefeito de Bagdá (representando o Iraque) e o presidente da Construtora Mendes Júnior. Havia quatro questões centrais, e todas relacionadas ao custo das obras. As partes elegeram a Câmara Internacional de Comércio (Paris) para uma das questões, deixando as demais para Bagdá.

Cogitou-se também do uso de *acordos globais de compensação* (*lump-sum agreements*), isto é, segundo o parecerista, de negociações diplomáticas entre governos interessados, que convencionam, por critério próprio, um montante de compensação, que o governo recebedor distribui aos interessados (*claimants*).

Em 1991, Vicente Marotta Rangel opinou a respeito de ações trabalhistas afetas a funcionários do sistema ONU. Entendeu que nas reclamatórias trabalhistas propostas contra organizações do sistema ONU, por seus funcionários, podiam se verificar duas hipóteses: os feitos eram extintos sem julgamento de mérito, devido à imunidade de jurisdição e de execução, ou então a reclamada renunciava à imunidade.

No Brasil, o art. 114 da Constituição de 1988 fixava a competência da Justiça do Trabalho para este tipo de questão. Ações trabalhistas poderiam ser propostas contra agentes diplomáticos, funcionários e empregados consulares, missões diplomáticas, repartições consulares e organizações intergovernamentais.

A imunidade não alcançaria os agentes diplomáticos e os funcionários e empregados consulares, porém tocaria nas missões diplomáticas e as repartições consulares, aplicando-se o princípio *par in parem non habet imperium*, com exceção de questões atinadas a atividades econômicas e comerciais. Estas últimas, casuisticamente, poderiam alcançar ações trabalhistas.

Em 1999, Antonio Paulo Cachapuz de Medeiros opinou sobre validade de citação dirigida a Estado estrangeiro. Em Nota Verbal datada de 3.3.1999, a Embaixada da República Federal da Alemanha devolvia documentos relativos a intimação da 23ª Junta de Conciliação e Julgamento de Porto Alegre.

Invocava-se que as representações alemãs não eram pessoas jurídicas. A personalidade jurídica pertenceria à República Federal da Alemanha. Entendeu o parecerista que, de fato, a personalidade jurídica internacional é do Estado, e não da missão diplomática. O Estado se faz representar por seu Governo, no caso, a própria missão.

Ações poderiam ser propostas contra a missão diplomática ou contra a repartição consular. Nestes casos, tem-se o equivalente a uma ação proposta contra o próprio Estado estrangeiro. A citação seria válida se dirigida a Estado estrangeiro por meio de carta rogatória, ou se endereçada à sua representação diplomática.

Lembrou-se da Súmula nº 83 do antigo Tribunal Federal de Recursos, que dispunha que competia à Justiça Federal processar e julgar reclamações trabalhistas contra representação diplomática de Estado estrangeiro, inclusive para decidir sobre preliminar de imunidade de jurisdição. O art. 114 da Constituição de 1988 levou tal tipo de discussão para a Justiça do Trabalho.

Esclarecendo tais assuntos, há uma *Nota Circular* (nº 560), datada de 14.2.1991, que explicita a posição do Itamaraty, especialmente em relação a discussões relativas a problemas da justiça do trabalho. Segue a referida nota:

> O Ministério das Relações Exteriores cumprimenta as Missões Diplomáticas acreditadas em Brasília e, a fim de atender às frequentes consultas sobre processos trabalhistas contra Representações Diplomáticas e Consulares, recorda que:
>
> a) Em virtude do princípio da independência dos Poderes, consagrados em todas as Constituições brasileiras, e que figura no artigo segundo da Constituição de 1988, é vedada ao Poder Executivo qualquer iniciativa que possa ser interpretada como interferência nas atribuições de outro Poder.
>
> b) A Convenção de Viena sobre Relações Diplomáticas de 1961, assim como a de 1963, sobre Relações Consulares, não dispõe sobre matéria de relações trabalhistas entre Estado acreditante e pessoas contratadas no território do Estado acreditado.
>
> c) Ante o exposto na letra "b", os Tribunais brasileiros, em sintonia com o pensamento jurídico atual, que inspirou, aliás, a Convenção Européia sobre Imunidade dos Estados, de 1972, o "Foreign Sovereign Immunities Act", dos Estados Unidos da América, de 1976, e o "State Immunity Act" do Reino Unido, de 1978, firmaram jurisprudência no sentido de que as pessoas jurídicas de direito público externo não gozam de imunidade no domínio dos "atos de gestão" como as relações de trabalho estabelecidos localmente.
>
> d) A Constituição brasileira em vigor determina, em seu Art. 144, ser da competência da Justiça do Trabalho o conhecimento e julgamento desses litígios.

A diferenciação entre *atos de gestão* e *atos de império* é que marcará a prática brasileira em termos de imunidade, especialmente em âmbito de execução, respeitando-se esses últimos, *atos de império*, como absolutamente infensos a qualquer investida patrimonial em território nacional. O Supremo Tribunal Federal, como se verá, construiu sólida jurisprudência, com base no referido conceito de *atos de império* e de *atos de gestão*.

CAPÍTULO 3

AS IMUNIDADES NA CASUÍSTICA INTERNACIONAL

Uma das discussões centrais para a compreensão da teoria das imunidades deu-se na Suprema Corte dos Estados Unidos da América, por ocasião do julgamento do caso *The Schooner Exchange vs. M'Faddon* – 11 U.S. 116 (1812).

O navio Schooner Exchange, de propriedade de dois norte-americanos, John M'Faddon e William Greetharn, partiu de Baltimore (Maryland) com destino ao porto de San Sebastian na Espanha, em 27.10.1809.

Três dias depois, em 30.10.1809, o *Schooner* foi apreendido pela esquadra francesa, seguindo ordens de Napoleão Bonaparte. Em seguida, foi transformado em navio de guerra; recebeu um novo nome.

Em 27.7.1811, navegando com destino às Índias Ocidentais, o navio atracou no porto de Filadélfia, devido ao mau tempo, sob o comando do capitão Dennis Begon. Os proprietários originais do navio ajuizaram ação com o objetivo de reaverem a posse da nau. A França era aliada dos Estados Unidos na guerra contra a Inglaterra.

Em primeira instância, decidiu-se em favor da França; a nau não poderia ser objeto de ação judicial nos Estados Unidos: era propriedade francesa. Em apelação reverteu-se a decisão e se determinou a entrega da embarcação a seus proprietários originais.

A Suprema Corte anulou a decisão de 2ª instância e julgou em favor da França. Entendeu-se que se tratava de embarcação militar, de propriedade de nação amiga. A decisão seguiu a discussão em julgamento, que ocorreu em 24.2.1812.

A questão foi decidida com muita rapidez devido a pedido de preferência feito pelo *Attorney-General* dos Estados Unidos. Vivia-se momento de paz e de amizade entre os Estados Unidos e a França sob o domínio de Napoleão Bonaparte.

O juiz de primeira instância decidiu que um navio de guerra de potência soberana, amiga do governo norte-americano, não estaria sujeito à jurisdição originária nos Estados Unidos. Os magistrados de segunda instância não entenderam do mesmo modo.

O *Attorney-General* apelou para a Suprema Corte, alegando que não se tratava de caso de jurisdição marítima, que estava perfeitamente comprovada a natureza pública do navio cuja posse se discutia e que, principalmente, os Estados Unidos não tinham competência para apreciar a matéria. Desenhava-se, intuitivamente, a doutrina da imunidade de jurisdição.

A Suprema Corte entendeu que o caso qualificava questão de jurisdição marítima. Os autos davam conta de que houve abordagem e aprisionamento do navio em alto-mar; mas não havia registros de crime cometido naquela circunstância. Não se podia também facilmente deduzir que *Schooner* fora presa de guerra.

Havia prova suficiente de que o navio era de fato embarcação pública francesa. Havia autorização para navegação, bandeira francesa, bem como oficialato e tripulação também franceses. Colocava-se a seguinte questão: como um navio público da França, que aportou nos Estados Unidos para reparos, fugindo do mau tempo, seria objeto de apreensão e reclamação por parte de um cidadão norte-americano?

A nave fora apreendida por autoridade de país soberano, em virtude de prerrogativa de soberania. Eventual reclamação deveria ser dirigida contra o soberano supostamente faltoso, por intermédio dos canais competentes. Todas as vezes que eventual apreensão decorresse de ato de soberania, deveria ser resolvida por meio de negociação, ou de represália, ou mesmo de guerra, dependendo da importância da apreensão.

A nau de guerra cuja posse se discutia não havia cometido nenhum ilícito no território norte-americano. Havia direito absoluto de passagem para todos os navios, exceto para os navios ingleses, porquanto se vivia estado de guerra.

Não havia lei ou precedente que nos Estados Unidos permitisse a apreensão de navio de guerra, de potência amiga, e aliada. Afinou-se que se um soberano descesse de seu trono e se tornasse um Mercador, se submeteria às leis gerais e que se o soberano contratasse dívidas privadas, seus bens particulares poderiam ser penhorados.

Houve voto vencido que insistiu que soberania seria conceito que qualifica território e que seria prerrogativa que poderia ser exercida fora desses limites. De tal modo, e exemplificativamente, residência de embaixador plasmaria local de exercício de sua própria soberania. O embaixador detém imunidade, que se refere, tão somente, a seus atos e omissões, enquanto embaixador. O navio seria território da bandeira sob a qual transitasse. A regra tinha alcance geral, reforçada pelo fato de se tratar de embarcação de guerra. Porém, se a um soberano de qualquer país não se permitiria que se apropriasse dos bens dos próprios súditos, em circunstâncias normais, com mais razão, não se poderia permitir que o mesmo soberano se apropriasse dos bens de súditos de outros países.

Além do que, continuava o voto vencido, como se poderia agir na hipótese de que o próprio país desse razão a espoliadores? A Constituição dos Estados Unidos (art. 3, sec. 2) expressamente conferia competência para os Estados Unidos julgarem casos entre cidadãos norte-americanos e nações estrangeiras.

O voto vencedor, conduzido pelo Juiz Marshall, centrava-se na seguinte questão: poderia um cidadão norte-americano requerer, na justiça norte-americana, titularidade de navio de guerra, de outra nação, amiga e aliada, que estivesse de passagem pelos Estados Unidos?

Entendeu-se que soberano estrangeiro não intenciona submeter-se a jurisdição que seja incompatível com sua dignidade e com a dignidade de sua nação. A licença que um país confere para que se passe em seu território implica em rol de imunidades também implícitas na concessão da licença.

Seria impossível, prosseguia Marshall, que uma nação que enviasse representante a outra teria eventual intenção de submetê-lo à jurisdição do país estrangeiro. Os portos dos Estados Unidos estavam abertos às nações amigas. Toda exceção à imunidade deveria decorrer de expressa manifestação do detentor de soberania no território próprio.

Na hipótese, tinha-se navio de guerra. Isto é, parte da força militar de uma nação. Por fim, consignou que a nau, na qualidade de navio militar, a serviço de nação estrangeira, com a qual o governo dos Estados Unidos se encontrava em paz, e tendo entrado em porto norte-americano aberto para recebê-lo, nos termos nos quais aos navios de guerra geralmente se permite a entrada em portos de nação amiga, deveria ser considerado como admitido no território norte-americano, com promessa implícita, no sentido de que, tanto quanto necessário, e de modo amistoso, deveria gozar de isenção com relação à jurisdição do país que o recebeu.

Um caso mais recente, apreciado pela justiça norte-americana, também ilustra a questão da imunidade, no cenário internacional. Trato agora do caso *John Doe vs. Santa Sé*, que foi julgado pela Corte de Apelações do 9º Circuito da Justiça Federal norte-americana, o que equivale a um dos nossos Tribunais Regionais Federais.

Ainda pendente de apreciação pela Suprema Corte dos Estados Unidos, o caso John Doe ilustra as fórmulas que o direito norte-americano utiliza no campo das imunidades de Estado estrangeiro.

A questão foi originariamente decidida em 5.3.2008. O julgamento foi presidido por Michael W. Mosman, juiz distrital; os juízes Ferdinand Fernandez, Marsha S. Berzon e Otis Wrigh II participaram do colegiado.

John Doe (nome fictício) ajuizou ação no estado do Oregon contra a Santa Sé, a Arquidiocese de Portland, o Bispado Católico de Chicago e a Ordem dos Frades Servos. Invocou a responsabilidade dessas entidades, alegando que na adolescência (quando tinha por volta de 15 e 16 anos) sofrera abusos sexuais por parte de um Padre, chamado Ronan, que atuou em Portland.

Os advogados de Doe exigiam a responsabilização do Vaticano, que entendiam como subsidiária a todas as demais entidades elencadas na peça inicial. A Santa Sé, nessa linha de raciocínio, seria também responsável por atos e omissões da Arquidiocese de Portland, do Bispado Católico de Chicago e da Ordem dos Frades Servos, à qual pertencia o Padre Ronan.

Os advogados de Doe também invocaram relação de emprego: o Padre Ronan seria funcionário da Santa Sé. Esta última também seria diretamente responsável pelo fato de que agira negligentemente ao não proteger ou alertar John Doe a respeito da suposta periculosidade do Padre Ronan, que seria reincidente.

A Santa Sé contestou, alegando imunidade à jurisdição civil dos Estados Unidos da América. Em primeira instância decidiu-se que a justiça norte-americana era competente para julgar o caso. Os advogados da Santa Sé apelaram. A corte de apelação julgou que a Santa Sé era imune à jurisdição norte-americana, naquele caso concreto.

Como se verá mais adiante, o *Foreign Sovereign Immunity Act* dispõe que Estado estrangeiro pode figurar no polo passivo em ações aforadas nos Estados Unidos desde que a causa tenha natureza essencialmente comercial, entre outras razões.

Atuação dolosa ou mesmo culposa (no caso da negligência) também justificaria, em princípio, a quebra de imunidade da Santa Sé. Concluiu-se que Doe não demonstrou suficientemente a natureza comercial dos atos da Santa Sé. Doe também não teria comprovado uma cadeia de atos ou omissões que configurassem negligência que poderia ser de responsabilidade do Vaticano.

Por outro lado, entendeu a Corte, no que se refere à responsabilidade da Santa Sé pelos atos do Padre Ronan, quanto à relação de emprego, havia vínculo, à luz da legislação trabalhista do Estado de Oregon. Nesse sentido, em princípio, poderia a Santa Sé ser demandada no Oregon, a partir dos efeitos trabalhistas que se projetassem da atuação do Padre Ronan.

John Doe argumentava que o padre acusado, Ronan, em 1955, enquanto pregava na Irlanda, já fora acusado de molestar um garoto. Ao que consta, teria admitido o delito. Foi então removido para o Bispado de Chicago. Teria continuado com suas investidas. Reconheceu que agira inadequadamente.

Conhecedora de todos esses fatos a Santa Sé não teria punido o Padre Ronan. Ainda segundo a petição inicial, em 1965, quando Roe tinha 15 anos, o Padre Ronan fora designado padre da Paróquia de Santo Alberto, em Portland, no estado do Oregon. Doe conheceu o Padre Ronan na Igreja.

O Padre tornou-se conselheiro e guia espiritual de Doe. Este último era um católico devoto. O Padre representava para ele, Doe, um misto de homem santo e de autoridade, conforme se lê na petição inicial. Valendo-se da confiança de Doe, o Padre Ronan teria tido recorrentes contatos íntimos com seu pupilo, em vários lugares, incluindo-se o monastério e áreas vizinhas.

Para os advogados de Doe a Santa Sé seria o agente e o instrumento direto e indireto de tudo o que ocorrera. O Vaticano era a capital eclesiástica, governamental e administrativa da Igreja Católica. Esta detém jurisdição e soberania, poderes investidos na pessoa do Papa.

A Santa Sé teria poder sobre todos aqueles que trabalham na Igreja. Dirige, supervisiona, apoia e promove liderança religiosa e pastoral. Propicia educação, conselhos. Recebe colaborações, em forma de dízimos, que recolhe no mundo todo. A Santa Sé agiria por meio de seus agentes: cardeais, bispos, padres, freiras.

É a contribuição dos fiéis que mantém a Santa Sé. Esta impõe referenciais morais. Insistiam os advogados de Doe, toda a cristandade deve obediência ao Papa. A Santa Sé é o centro de todo o direito canônico. A Santa Sé é o núcleo da organização administrativa da Igreja.

Na contestação, lembrou-se que a Arquidiocese é pessoa jurídica organizada de acordo com as leis do Oregon. Realiza serviços pastorais.

O Bispado de Chicago é organizado de acordo com as leis de Illinois. A Ordem dos Frades Servos opera no mundo todo.

Para os advogados de Doe, a Arquidiocese e a Ordem dos Frades também seriam responsáveis pelos atos do Padre Ronan. O Bispado de Chicago e a Ordem foram negligentes na medida em que não alertaram a Arquidiocese a respeito dos perigos que o Padre Ronan representava.

A responsabilidade subsidiária da Santa Sé decorria do fato de que esta supervisionava todas as entidades a ela submetidas. A linha de defesa da Santa Sé era baseada na tese da imunidade. Não havia agido dolosamente. E não desempenhava atividade comercial. Por isso, aplicável a imunidade, nos termos da legislação norte-americana.

Nos Estados Unidos vingou a tese da imunidade absoluta, de 1812 a 1952, por força do decidido no caso *Schooner*. Adotou-se a teoria da imunidade relativa, em 1952, quando o Departamento de Estado definiu que a imunidade somente se aplicaria a atos do Estado no exercício da soberania; trata-se também da teoria da abordagem restritiva.

Em 1976, promulgou-se o *Foreign Sovereign Immunity Act*: a regra geral é a imunidade. Entre as exceções, ato derivado de atividade comercial, danos pessoais de fundo doloso, resultantes em morte, perda de propriedade, desde que tenham ocorrido no território norte-americano.

A Santa Sé defendeu-se, alegando que a acusação carecia de pormenorização, que se reduzia a alegações fáticas, genéricas, e que produzia nada mais do que um conjunto de presunções. O caso sugeria reflexões em torno de questões pertinentes à relação da Santa Sé e poderes locais, à luz de exceções sobre a responsabilidade objetiva.

Os advogados de Doe obtemperavam que as atividades da Igreja tinham natureza comercial, especialmente porque havia contribuições financeiras, por parte dos fiéis. O judiciário norte-americano deveria averiguar se havia relações entre a Santa Sé e suas projeções domésticas para efeitos de fixação de jurisdição, no que toca a causa e efeito.

Com base em jurisprudência firmada na Suprema Corte a propósito do vínculo de um banco cubano com o governo daquele país, concluía-se que Doe não conseguia elidir suficientemente a presunção de separação entre os atos da Santa Sé e de suas agências domésticas, a exemplo da Arquidiocese, do Bispado e da Ordem dos Frades.

É que, entendeu-se, a argumentação de Doe não comprovava relacionamento diário e rotineiro entre a Santa Sé e suas projeções domésticas. Doe não avançou na mera afirmação de que a Santa Sé cria, divide e coordena as várias províncias eclesiásticas. Isto é, não transcendeu as alegações de que a Santa Sé promulga e executa leis e regulamentos pertinentes à educação, conduta e disciplina de seus representantes, no mundo todo.

Para Doe, todos os membros da Igreja são agentes da Santa Sé. Não haveria espaço para a doutrina da desconsideração da pessoa jurídica, ou do *alter-ego*, como também se expressa na doutrina norte-americana.

A relação seria fática e direta. Para Doe, as ações de todos os agentes da Igreja deveriam ser imputadas também à Santa Sé, no plano da responsabilidade. Doe alegava também, e insistia, que a Santa Sé fora negligente ao não supervisionar adequadamente os passos do Padre Ronan.

A Santa Sé teria sido negligente também ao não avisar Doe (ou a seus familiares) dos perigos que o Padre Ronan representava, com o histórico que contava. A Corte de Apelação entendia que não haveria, no caso, jurisdição dos Estados Unidos para julgamento da Santa Sé, no que se refere a eventual negligência para com ações e omissões praticadas pelos membros da Igreja nas várias províncias eclesiásticas sediadas nos Estados Unidos.

Outra questão importante que o debate sugere é referente ao entendimento de que haveria (ou não) um contrato de trabalho entre o Padre Ronan e a Santa Sé. Afinal, foi esta última, segundo Doe, que nomeou Ronan para atuar em Portland.

E porque Doe convenceu aos juízes de que havia indícios de relação laboral entre padre e Santa Sé, é que, nesse sentido, concluiu a Corte, poder-se-ia, em tese, se cogitar de quebra de imunidade. Porém, quanto ao fato de que a Santa Sé não advertira Doe a propósito do comportamento pretérito do Padre Ronan, a Corte entendeu que a questão se referia ao exercício da mais absoluta discricionariedade, o que escapava à jurisdição norte-americana.

Um dos juízes, Berzon, entendeu que houve negligência por parte da Santa Sé. Afastou a imunidade. Percebeu relação comercial na atuação da Igreja. E porque nos limites das leis trabalhistas do Oregon se evidenciava relação de emprego entre o Padre a o Vaticano, Berzon votou pela fixação da jurisdição norte-americana para o julgamento do caso. Fernandez problematizou as funções da Igreja definidas em sua natureza comercial.

Afinal, como poderia agir a Santa Sé sem os fundos que arrecada dos fiéis? A missa, nesse sentido, não seria atividade que guardaria — no entender de Fernandez — semelhança com uma consulta psicológica, para efeitos de mercancia?

Esclarecendo suas posições, Fernandez afirmou que a Santa Ceia não é mercado de pão e vinho, e que a extrema unção não é ato de mercancia de óleo. Definitivamente, não haveria, na atuação da Igreja, sentido comercial.

A Santa Sé não atuaria no mercado. Apenas seria provedora de serviços religiosos. A Santa Sé não é o tipo comum de soberano político, mas também não é um agente mercador típico, afirmou Fernandez. E concluiu: "Nós — os hierofantas do Direito — somos adeptos da redefinição de conceitos ordinários. Porém, se afirmar que serviços religiosos sejam atividades comerciais é o mesmo que se declarar que pôneis sejam pequenos pássaros..." (tradução livre).

Assim, definiu-se que não há jurisdição nos Estados Unidos para processamento da Santa Sé, na ação proposta por Doe. As questões colocadas pelo autor não se encaixavam nas exceções à imunidade que são previstas na legislação norte-americana. Não há como se verificar, no caso, responsabilidade objetiva da Santa Sé em relação a atos ou omissões de Arquidioceses, Bispados e Ordens Religiosas, sob o prisma da atividade comercial.

Outro caso emblemático em tema de imunidade refere-se à invasão à embaixada norte-americana em Teerã. Em 24.4.1980, a Corte Internacional de Justiça julgou reclamação protocolada pelos Estados Unidos da América, em 29.11.1979, em razão de invasão à embaixada norte-americana em Teerã, ocorrida em 4.11.1979.

Neste dia houve um ataque armado à missão norte-americana em Teerã, de responsabilidade assumida por grupos muçulmanos ligados à polícia do Imã. Os militantes entraram no prédio, fizeram reféns, tomaram bens, violaram arquivos.

Dois consulados norte-americanos também foram invadidos no Irã. Houve a detenção de diplomatas e de cidadãos norte-americanos. As autoridades iranianas nada teriam feito para prevenir ou reprimir as invasões. No entender da Corte Internacional de Justiça poderia se atribuir a conduta dos milicianos ao Estado Iraniano se houvesse comprovação de que agiram em nome do governo.

Embora tal confirmação fosse muito difícil de ser alcançada, por outro lado, reconheceu-se que o governo iraniano tinha obrigação de proteger a embaixada norte-americana. Além da falta de proteção, também não se demonstrou que as autoridades iranianas teriam se movimentado no sentido de libertar os reféns ou de garantir a incolumidade dos bens e documentos norte-americanos que se encontravam no interior da embaixada. Evidenciado, pois, o descumprimento das disposições da Convenção de Viena.

O Irã também não se movimentou para reparar os danos sofridos pelos Estados Unidos como resultado da invasão da embaixada. Pelo contrário, comprovou-se que as autoridades iranianas manifestaram publicamente apoio aos invasores.

O Aiatolá Khomeini teria afirmado, segundo o entendimento da Corte, que o Irã avaliava tomar definitivamente a embaixada e prender os reféns que lá se encontravam. O líder iraniano teria definido a embaixada norte-americana como um centro de espionagem. Teria declarado que os reféns deveriam permanecer nessa condição até que os Estados Unidos devolvessem ao governo iraniano os bens iranianos em posse do Xá Reza Pahlevi, que foram bloqueados.

O Irã não se manifestou junto à Corte, com exceção do envio de duas cartas nas quais sugeria que não se tomasse conhecimento do caso. Na medida em que se evidenciava o apoio das autoridades iranianas à invasão, tinha-se configurado ato de responsabilidade estatal.

Por isso, o Irã poderia ser internacionalmente responsabilizado, dado que se imputava aos militantes invasores ato de Estado. Uma ordem da Corte, datada de 15 de dezembro de 1979, não fora cumprida pelo Irã, além de publicamente rejeitada. Ainda, as autoridades iranianas ameaçavam os reféns, que seriam julgados em Teerã.

Por outro lado, o Irã argumentava que os norte-americanos praticavam atividades criminosas no território iraniano. Porém, entendia a Corte, ainda que assim o fosse, não se justificava a manutenção dos reféns. Eventual crítica do Irã à presença norte-americana em território próprio poderia ser encaminhada mediante rompimento de relações diplomáticas.

Os membros da missão diplomática norte-americana, no limite, poderiam ser expulsos do país. Responsabilizou-se o Irã pelo descumprimento das Convenções de Viena, bem como pela não observância de tratado que os Estados Unidos e Irã teriam celebrado em 1955, e que não fora formalmente denunciado. Entendeu-se que o Irã deveria reparar aos Estados Unidos.

A apuração e a liquidação de valores seriam posteriores, porque a ocupação e as hostilidades ainda continuavam. Acentuou-se a gravidade do caso, que atingia indiretamente toda a comunidade internacional, com o precedente que se firmava.

Nos dias 24 e 25 de abril de 1980, os norte-americanos, em represália, fizeram algumas incursões militares em território iraniano, circunstância que criou constrangimento junto à Corte Internacional de Justiça, que processava a reclamação norte-americana contra o Irã.

Percebia-se alguma desconfiança dos Estados Unidos para com o procedimento judicial que se desdobrava num contexto muito complexo das relações internacionais. Afirmou-se, no entanto, que a ilegalidade de tais operações não afetaria o julgamento da Corte. Insistia-se que não haveria relação entre o ataque norte-americano e a decisão que se confeccionava.

Decidiu-se, por 13 votos a 2, que o Irã havia violado obrigações para com os Estados Unidos, que decorriam da Convenção de Genebra e do Tratado de 1955. Definiu-se, 13 votos a 2, que o Irã era responsável pela invasão e manutenção dos reféns. Ordenou-se por unanimidade que o Irã deveria soltar imediatamente os reféns.

Entendeu-se, por maioria de 11 votos, que nenhum dos reféns poderia ser julgado ou constrangido a testemunhar no Irã. Concluiu-se, por 12 votos a 3, que o Irã deveria reparar financeiramente aos Estados Unidos. E, por 14 votos a 1, dispôs-se que a quantia e a forma da reparação seriam fixadas posteriormente pela Corte.

Um dos juízes da Corte, Morozov, observou que as ações bélicas tomadas pelos Estados Unidos contra o Irã, enquanto a matéria era discutida na Corte, e especialmente quanto ao congelamento das contas iranianas, combinado com declarações do presidente norte-americano, indicavam que os Estados Unidos agiam como se juízes internacionais fossem. Deveria se reconhecer que o Irã sofrera prejuízos, por culpa dos Estados Unidos. Assim, os Estados Unidos teriam perdido o direito e o argumento moral de exigirem reparações por parte do Irã.

Esses três casos revelam as dificuldades que há na construção de soluções para problemas que envolvam enfrentamento entre Estados e entre particulares e Estados.

CAPÍTULO 4

AS REGRAS DAS CONVENÇÕES DE VIENA, DA CONVENÇÃO EUROPEIA SOBRE A IMUNIDADE DOS ESTADOS, DO *FOREIGN SOVEREIGN IMMUNITIES ACT* (ESTADOS UNIDOS) E DO *STATE IMMUNITY ACT* (INGLATERRA, 1978)

A ordem internacional é regida pela regra do *pacta sunt servanda*, que nos indica que "todo o tratado em vigor obriga as partes e deve ser cumprido por elas de boa-fé".[60] A Convenção de Viena sobre Relações Diplomáticas dispõe que "o Estado acreditante e o chefe de missão estão isentos de todos os impostos e taxas nacionais, regionais ou municipais sobre os locais da missão de que sejam proprietários ou inquilinos, excetuados os que representem o pagamento de serviços específicos que lhes sejam prestados" (art. 23).

Ainda, "a isenção fiscal a que se refere este artigo não se aplica aos impostos e taxas cujo pagamento, em conformidade com a legislação do Estado acreditador, incumba às pessoas que contratem com o Estado acreditante ou com o chefe da missão" (art. 23, 2).

A Convenção de Viena sobre Relações Consulares repetiu essas normas, dado que "os locais consulares e a residência do chefe de repartição consular de carreira de que for proprietário o Estado que envia a pessoa que atue em seu nome, estarão isentos de quaisquer impostos

---

[60] Convenção de Viena sobre os Tratados, art. 26.

e taxas nacionais, regionais e municipais, excetuadas as taxas cobradas em pagamento de serviços específicos prestados" (art. 32, 1).

E também, "a isenção fiscal prevista no parágrafo 1º do presente artigo não se aplica a impostos e taxas que, de acordo com as leis e regulamentos do Estado receptor, devam ser pagos pela pessoa que contratou com o Estado que envia ou com a pessoa que atue em seu nome" (art. 32, 2).

E porque cuidaríamos de isenção, ainda que verbalizemos a questão como de imunidade, a chave hermenêutica deveria atender à literalidade do texto interpretando, nos termos do art. 111 do Código Tributário Nacional.[61]

Em direito tributário define-se a imunidade como uma hipótese de não incidência constitucionalmente qualificada e a isenção como uma hipótese de não incidência legalmente qualificada.

Isto é, a imunidade decorre da Constituição e a isenção decorre da lei. Imunidades são revogadas por meio de emendas à Constituição. Isenções são revogadas por intermédio de leis que assim disponham, nos termos do art. 178 do Código Tributário Nacional.

Registre-se, no entanto, que a expressão *imunidade* não se encontra na Constituição Federal que, aliás, utiliza o verbo *isentar*, a exemplo do que se lê no §7º do art. 195, que dispõe que "são isentas de contribuição para a seguridade social as entidades beneficentes de assistência social que atendam às exigências estabelecidas em lei".

Tomando-se o tema de modo mais rigoroso, tem-se que "a isenção, no sistema jurídico-tributário vigorante, só é de ser reconhecida pelo Judiciário em benefício do contribuinte, quando concedida, de forma expressa e clara pela lei, devendo a esta se emprestar compreensão estrita, vedada a interpretação ampliativa".[62]

Resta saber, no entanto, se ao Estado estrangeiro pode-se admitir a natureza de *contribuinte*. Isto é, pode-se qualificar Estado estrangeiro como *contribuinte*? Além do que, deve-se levar em conta o art. 98 do Código Tributário Nacional que dispõe que "os tratados e convenções internacionais revogam ou modificam a legislação tributária interna, e serão observados pela que lhes sobrevenha".[63]

---

[61] O art. 111 do Código Tributário Nacional dispõe que se interpreta literalmente a legislação tributária que disponha sobre suspensão ou exclusão de crédito tributário, outorga de isenção, bem como sobre dispensa do cumprimento de obrigações tributárias acessórias.

[62] STJ. REsp nº 31.215/SP, 1ª Turma. Rel. Min. Demócrito Reinaldo. Julg. 23.06.1993. *DJ*, 23 ago. 1993.

[63] A relação entre tratado internacional e legislação tributária interna suscita uma série de problemas com imensa repercussão em questões de ordem prática. Exemplifico com a recepção

A Convenção de Viena sobre relações diplomáticas também dispõe que o "Estado acreditante pode renunciar à imunidade de jurisdição dos seus agentes diplomáticos e das pessoas que gozem de imunidade" (art. 32); a renúncia, no entanto, será sempre expressa (art. 32, 2).

O tratado dispõe também que a "renúncia à imunidade de jurisdição no tocante às ações cíveis ou administrativas não implica renúncia à imunidade quanto às medidas de execução da sentença, para as quais nova renúncia é necessária". Como se verá mais adiante, houve vezes em que se quis sustentar que o mero silêncio do Estado ou de diplomata executado significaria uma renúncia tácita da regra da imunidade.

Com algumas exceções, o agente diplomático estará, no tocante aos serviços prestados ao Estado acreditante, isento das disposições sobre seguro social que possam vigorar no Estado acreditado (art. 32, 1). A referida isenção aplica-se também "aos criados particulares que se acham ao serviço exclusivo do agente diplomático, desde que: a) não sejam nacionais do Estado acreditado nem nele tenham residência permanente; e b) estejam protegidos pelas disposições sobre seguro social vigentes no Estado acreditante ou em terceiro Estado" (art. 32, 2).

O texto convencional também prevê que o agente diplomático gozará de isenção de todos os impostos e taxas, pessoas ou reais, nacionais, regionais ou municipais, com exceção de impostos indiretos que estejam normalmente incluídos no preço das mercadorias ou dos serviços; de impostos e taxas sobre bens imóveis privados, situados no território do Estado acreditado, a não ser que o agente diplomático os possua em nome do Estado acreditante e para os fins da Missão; de direitos de sucessão percebidos pelo Estado acreditado salvo exceção que logo a frente será indicada; de impostos e taxas sobre rendimentos privados que tenham a sua origem no Estado acreditado e os impostos sobre o capital, referente a investimentos em empresas comerciais no

---

de acordos celebrados pelo Brasil no contexto do Mercosul; com a discussão em torno da recepção dos tratados internacionais tributários como leis especiais ou como leis simplesmente nacionais, depois de devidamente internalizados; com a questão da prevalência concreta do tratado em face da lei interna; com o problema da invasão, por parte do tratado, de matéria reservada a lei complementar; com a paridade entre tratados e leis ordinárias internas; com a suposta prevalência do tratado, enquanto não denunciado, em relação à lei interna; com a eventual prevalência de lei posterior que conflite com o conteúdo do tratado; com a prevalência do tratado sobre normas administrativas; com a diferenciação entre tratados de natureza contratual e tratados de natureza normativa e, finalmente, com o problema das isenções heterônomas. Por todos, inclusive quanto a orientação bibliográfica e jurisprudencial, cf. PAULSEN. *Direito tributário*: Constituição e Código Tributário à luz da doutrina e da jurisprudência, p. 881 *et seq.*

Estado acreditado; de impostos e taxas cobrados por serviços específicos prestados; bem como de direitos de registro, de hipoteca, custas judiciais e impostos de selo relativos a bens imóveis (art. 34).

Há também disposição no sentido de que o "Estado acreditado deverá isentar os agentes diplomáticos de toda prestação pessoal, de todo serviço público, seja qual for a sua natureza, e de obrigações militares tais como requisições, contribuições e alojamento militar" (art. 35).

Ainda que cumprindo leis e regulamentos próprios, o Estado acreditado permitirá a entrada livre do pagamento de direitos aduaneiros, taxas e gravames conexos, que não constituam despesas de armazenagem, transporte e outras relativas a serviços análogos dos objetos destinados ao uso oficial da Missão; dos objetos destinados ao uso pessoal do agente diplomático ou dos membros de sua família que com ele vivam, incluídos os bens destinados à sua instalação (art. 36).

Fixou-se também que a bagagem pessoal do agente diplomático não está sujeita, em regra, a inspeção, salvo se existirem motivos sérios para crer que a mesma contém objetos não previstos nas isenções mencionadas na própria convenção, "ou objetos cuja importação ou exportação é proibida pela legislação do Estado acreditado, ou sujeitos aos seus regulamentos de quarentena". Dispôs-se que, nesse último caso, a inspeção só poderá ser feita em presença de agente diplomático ou de seu representante autorizado (art. 37).

Em princípio, as imunidades são extensivas aos membros da família de agente diplomático que com ele viva, "desde que não sejam nacionais do Estado acreditado" (art. 38, 1).

Na continuidade, dispôs-se que membros do pessoal administrativo e técnico da Missão, assim como os membros de suas famílias que com eles vivam, desde que não sejam nacionais do Estado acreditado nem nele tenham residência permanente, gozarão dos privilégios e imunidades, com a ressalva de que a imunidade de jurisdição civil e administrativa do Estado acreditado, não se estenderá aos atos por eles praticados fora do exercício de suas funções (art. 38, 2).

Nos termos da convenção, "os membros do pessoal de serviço da Missão, que não sejam nacionais do Estado acreditado nem nele tenham residência permanente, gozarão de imunidades quanto aos atos praticados no exercício de suas funções, de isenção de impostos e taxas sobre os salários que perceberem pelos seus serviços" (art. 38, 3).

Foi também convencionado que "os criados particulares dos membros da Missão, que não sejam nacionais do Estado acreditado nem nele tenham residência permanente, estão isentos de impostos e taxas sobre os salários que perceberem pelos seus serviços", e que, "nos demais casos, só gozarão de privilégios e imunidades na medida reconhecida pelo referido Estado" (art. 38, 4).

Na continuidade, a convenção dispõe que "a não ser na medida em que o Estado acreditado conceda outros privilégios e imunidades, o agente diplomático que seja nacional do referido Estado ou nele tenha residência permanente gozará da imunidade de jurisdição e de inviolabilidade apenas quanto aos atos oficiais praticados no desempenho de suas funções" (art. 38, 1).

E ainda, "os demais membros do pessoal da Missão e os criados particulares, que sejam nacionais do Estado acreditado ou nele tenham a sua residência permanente, gozarão apenas dos privilégios e imunidades que lhes forem reconhecidos pelo referido Estado" (art. 38, 2).

Quanto ao momento da fruição do benefício, pactuou-se que "toda pessoa que tenha direito a privilégios e imunidades gozará dos mesmos a partir do momento em que entrar no território do Estado acreditado para assumir o seu posto ou, no caso de já se encontrar no referido território, desde que a sua nomeação tenha sido notificada ao Ministério das Relações Exteriores ou ao Ministério em que se tenha convindo" (art. 39).

E quanto à cessação da fruição do benefício, é claro o tratado no sentido de que "quando terminarem as funções de uma pessoa que goze de privilégios e imunidades, esses privilégios e imunidades cessarão normalmente no momento em que essa pessoa deixar o país ou quando transcorrido um prazo razoável que lhe tenha sido concedido para tal fim, mas perdurarão até esse momento mesmo em caso de conflito armado" (art. 39, 2). Consignou-se, no entanto, que "a imunidade subsiste no que diz respeito aos atos praticados por tal pessoa no exercício de suas funções, como membro da Missão" (art. 39, 2, parte final).

Há previsão específica para o caso de falecimento de membro de Missão, dispondo-se que, na hipótese, "os membros de sua família continuarão no gozo dos privilégios e imunidades a que têm direito, até à expiração de um prazo razoável que lhes permita deixar o território do Estado acreditado" (art. 39, 4).

Ou ainda, fixou-se que "em caso de falecimento de um membro da Missão, que não seja nacional do Estado acreditado nem nele tenha residência permanente, ou de membro de sua família que com ele viva, o Estado acreditado permitirá que os bens móveis do falecido sejam retirados do país, com exceção dos que nele foram adquiridos e cuja exportação seja proibida no momento do falecimento" (art. 39, V).

Por fim, nesta hipótese, dispôs-se que "não serão cobrados direitos de sucessão sobre os bens móveis cuja situação no Estado acreditado era devida unicamente à presença do falecido no referido Estado, como membro da Missão ou como membro da família de um membro da Missão" (art. 39, V, parte final).

A par das Convenções de Viena sobre Relações Diplomáticas e sobre Relações Consulares, há também três outros documentos internacionais de muita importância que alcançam o problema das imunidades, ainda que menos em seus aspectos fiscais, e muito mais em seus contornos processuais. Refiro-me à Convenção Europeia sobre a Imunidade dos Estados (1972), ao *Foreign Sovereign Immunities Act* (Estados Unidos, 1976) e o *State Immunity Act* (Inglaterra, 1978).

A Convenção Europeia sobre a Imunidade dos Estados cuida de imunidade de jurisdição (capítulo I), regras de procedimento (capítulo II), efeitos do julgamento (capítulo III), disposições opcionais (capítulo IV) e disposições gerais (capítulo V). Dispôs-se que os Estados signatários do tratado não podem invocar imunidade de jurisdição na hipótese de aceitação anterior por acordo internacional, por autorização expressa e escrita ou por consentimento dado em seguida ao início a uma disputa entre dois Estados (art. 2).

Segundo o fixado, um Estado pactuante não poderá invocar imunidade de jurisdição na hipótese de discussão relativa a contrato de trabalho realizado no território do Estado que decidiria a causa (art. 5, 1). No entanto, a referida regra não se aplicaria em algumas situações, a exemplo de concordância prévia — e escrita — entre os Estados ou, no limite, na hipótese de que a legislação do Estado que deteria jurisdição a tenha de modo exclusivo, em relação à matéria em questão (art. 5, 2).

Entre outros também, pactuou-se que não se pode alegar imunidade de jurisdição se a discussão for referente a direitos sobre posse de propriedade imóvel, e obrigações decorrentes, se a propriedade for situada no território do Estado que deteria jurisdição territorial para decidir a questão (art. 9).

Também não se pode invocar imunidade de jurisdição em matéria de propriedade móvel ou imóvel relativa a herança, doação ou, na linguagem do tratado, *bona vacantia*[64] (art. 10).

---

[64] A *bona vacantia* é um instituto recorrente nos países de *common law* e se refere a bens cujos proprietários se desconhece.

A imunidade de jurisdição, nos termos da Convenção Europeia sobre a Imunidade dos Estados, é particularmente cautelosa, em tema de arbitragem. Uma vez admitida esta, não pode o Estado pactuante recusar jurisdição do Estado indicado pela cláusula de compromisso. Isto é, especialmente no que se refere a discussão em torno da validade do compromisso arbitral, aos procedimentos da arbitragem, a menos que disposto de forma distinta no compromisso originário (art. 12).

O *Foreign Sovereign Immunities Act*, dos Estados Unidos, "define a jurisdição das cortes norte-americanas em processos contra Estados estrangeiros, as circunstâncias nas quais Estados soberanos são imunes à jurisdição norte-americana, bem como, além de outras provisões, há regras sobre execução e penhora".[65] Com tal objetivo são feitas algumas emendas à legislação então em vigor, especialmente no que se refere ao capítulo 85 do título 28 do *United States Code*, que é um dos documentos normativos de fundo processual mais importante nos Estados Unidos.

De qualquer modo, o Congresso norte-americano fixou que ações ajuizadas contra Estados estrangeiros nos Estados Unidos são de competência da Justiça Federal (*District Courts*), independentemente do valor da causa. Dispôs-se que não há imunidade de jurisdição em relação a causas comerciais e que propriedade que não tenha destinação diplomática ou consular pode ser penhorada.

Ainda que ações possam ser propostas, a regra é o reconhecimento da imunidade. Como exceções, entre outras, o texto elenca a dispensa da imunidade (por parte do Estado detentor da prerrogativa); as causas comerciais; as causas relativas a direitos de propriedade que tenham como ponto de disputa violações ao direito internacional; matéria relativa a propriedade adquirida nos Estados Unidos por sucessão ou doação; a par de ações relativas a danos patrimoniais decorrentes de morte ou acidentes pessoais, ocorridos no território norte-americano, e que tenham como causa omissão ou dolo por parte do Estado estrangeiro ou por algum de seus servidores ou empregados.

Na Inglaterra, o *State Immunity Act* define, como regra, que os Estados estrangeiros são imunes à jurisdição das cortes britânicas. A imunidade de jurisdição não é reconhecida, no entanto, em matéria de transações comerciais ou em questões relativas a ruptura total ou parcial de contrato que deveria ser cumprido na Inglaterra. Não há também imunidade em matéria de direito do trabalho, quanto a contratos de trabalho celebrados com Estado estrangeiro, na Inglaterra,

---

[65] *United States Foreign Sovereign Immunities Act*, Preâmbulo. Tradução livre.

ou no caso de que o trabalho deve ser, no todo ou em parte, realizado na Inglaterra também.

A lei inglesa consignou também que não há imunidade em questões de danos pessoais ou patrimoniais e que se relacionem a morte ou a acidentes pessoais, bem como a danos ou perda de propriedade tangível.

Em matéria tributária a lei inglesa prevê que não há imunidade de Estado estrangeiro em relação aos impostos de consumo (no caso, o IVA, imposto sobre valor agregado), aos impostos alfandegários, às exações relativas à importação de produtos agrícolas.

CAPÍTULO 5

INCIDÊNCIAS E NÃO INCIDÊNCIAS FISCAIS EM FACE DE ESTADOS ESTRANGEIROS E DO PESSOAL DIPLOMÁTICO NO DIREITO BRASILEIRO

Para efeitos das observações que seguem, utilizo a expressão *imunidade* quando a previsão de não incidência decorra de convenção internacional e utilizo a expressão *isenção* quando a não incidência seja prevista por lei ordinária. E porque as embaixadas estão sediadas em Brasília, é que, com base na legislação do Distrito Federal, é que se pode identificar incidências (ou não) de exações estaduais e municipais.

Em linhas gerais, e com base na legislação do Distrito Federal (quando aplicável), e em nível crescente de afetação de embaixadas e repartições consulares, pode-se afirmar que, em relação ao *Imposto sobre a Propriedade Predial e Territorial Urbana (IPTU)*, de competência distrital e municipal, não há incidência em imóveis de Missões diplomáticas, por força da Convenção e da legislação local.

No Distrito Federal, por exemplo, a legislação dispõe sobre isenção de IPTU para imóveis de propriedade de Estados estrangeiros desde que haja reciprocidade. Não há isenção de IPTU para imóveis alugados pelas Embaixadas, bem como para terrenos nos quais há áreas de lazer das missões. Evidencia-se, assim, que a isenção tem caráter subjetivo. Isto é, o IPTU é cobrado do proprietário do imóvel, e não do locatário, no caso, a Embaixada ou Missão.

No que se refere à *Taxa de Limpeza Pública (TLP)*, de competência distrital e municipal, não há imunidade, por se tratar de serviço específico prestado. Pode haver isenção por força de legislação local, desde que haja reciprocidade.

Quanto a tributos de competência municipal (e distrital, no caso de Brasília) segue o que informa o informa o Ministério das Relações Exteriores, no *Manual de normas e procedimentos de privilégios e imunidades*:

(...) São beneficiários da isenção do IPTU somente os imóveis de propriedade do Governo estrangeiro utilizados para sedes de Missões Diplomáticas e Repartições Consulares. Pode haver, entretanto, cobrança da Taxa de Limpeza Pública (TLP) e da Contribuição para Iluminação Pública (CIP), também municipais, por serem consideradas taxas por "serviços específicos prestados" (CVRD, artigo 34, "e").

Para a obtenção do benefício referente ao IPTU, as Missões situadas no Distrito Federal devem enviar o formulário pertinente devidamente preenchido ao MRE, que atestará a condição de enquadramento. As Repartições Consulares e Representações de Organismos Internacionais situadas fora do Distrito Federal devem enviar à CGPI, através de suas Embaixadas, Nota Verbal solicitando uma Declaração de Reciprocidade de Tratamento quanto à isenção desse imposto ou assemelhado. Caso haja reciprocidade de tratamento, tal Declaração é elaborada, e o interessado deve enviá-la à Secretaria Municipal de Fazenda.

No Distrito Federal, segundo a legislação vigente sobre a matéria (Decreto nº 3.521, de 28 de dezembro de 1993, Decreto nº 15.601, de 28 de abril de 1994, e Decreto-lei nº 82 de 26 de dezembro de 1966), os Estados estrangeiros estão isentos do pagamento do IPTU quanto aos imóveis de sua propriedade, ocupados pelas sedes das respectivas Missões Diplomáticas (Chancelaria e Residência Oficial do Chefe da Missão), desde que igual benefício seja assegurado, reciprocamente, ao Governo brasileiro.

No caso de recebimento das faturas de cobrança do IPTU referentes aos imóveis de propriedade de Governos estrangeiros, essas devem ser enviadas ao MRE para as providências cabíveis de isenção do imposto junto às Secretarias Municipais de Fazenda.

Os imóveis alugados e terrenos nos quais existem edificações destinadas a áreas de lazer das Missões Diplomáticas não estão isentos do IPTU. Cumpre ressaltar que, no caso de imóveis alugados, o pagamento do IPTU é de responsabilidade do proprietário do imóvel, embora muitos contratos de aluguel prevejam a transferência dessa responsabilidade ao inquilino.

Além do IPTU, no Distrito Federal, conforme legislação vigente (Lei nº 4.022, de 28 de setembro de 2007, e Decreto nº 23.499, de 30 de dezembro de 2002), concede-se a isenção, com base na reciprocidade, da TLP e da CIP, incidentes sobre os imóveis de propriedade do Governo estrangeiro (próprios). Para obtenção do benefício, as Missões situadas no Distrito Federal devem enviar o formulário pertinente devidamente preenchido ao MRE, que atestará a condição de enquadramento.[66]

Em relação à *Contribuição para Iluminação Pública (COSIP)*, de competência distrital e municipal, não há imunidade, também por se tratar de serviço específico prestado. Pode haver isenção por força de legislação local, com base na reciprocidade.

Quanto ao *Imposto sobre Circulação de Mercadorias e Serviços (ICMS)*, de competência distrital e municipal, não há imunidade, por se tratar de imposto indireto. No contexto brasileiro, com base em reciprocidade, há isenções sobre: a) serviços de eletricidade e telecomunicações (contas de luz e de telefone); b) combustíveis (apenas no Distrito Federal, e com limites: 250 litros mensais para veículo de uso particular e 400 litros mensais para veículo oficial); c) materiais de construção (para construção, ampliação ou reforma de Missões estrangeiras).

No que se refere ao ICMS de incidência sobre eletricidade e telecomunicações, segue a orientação do Ministério das Relações Exteriores para o corpo diplomático acreditado no Brasil:

> Em 7 de dezembro de 1994, o Convênio ICMS nº 158/94 – Confaz autorizou as Unidades da Federação (estados) a concederem a isenção do ICMS nas operações de fornecimento de energia elétrica e de prestação de serviços de telecomunicação a Missões Diplomáticas, Repartições Consulares e Representações de Organismos Internacionais de caráter permanente. A concessão do benefício condiciona-se à existência de reciprocidade de tratamento tributário, declarada, anualmente, pelo MRE.
>
> Durante o ano de 1995, os estados brasileiros incorporaram o Convênio nº 158/94 às suas legislações internas, e a isenção do imposto para as Repartições Consulares e Representações de Organismos Internacionais nesses estados ficou a cargo das Secretarias de Fazenda ou companhias de eletricidade e telecomunicações locais.
>
> Especificamente no Distrito Federal, a incorporação do Convênio deu-se por meio do Decreto Distrital nº 16.371, de 24 de março de 1995, e, desde então, a Secretaria de Fazenda e Planejamento do Distrito Federal e o MRE vêm trabalhando conjuntamente para a concessão do benefício a todas as Missões Diplomáticas, Representações Consulares de carreira e Representações de Organismos Internacionais.
>
> As solicitações desse benefício, no caso de Missões situadas no Distrito Federal, devem ser encaminhadas ao MRE por meio de Nota Verbal, com os seguintes documentos anexados:

---

[66] BRASIL. Ministério das Relações Exteriores. *Manual de normas e procedimentos de privilégios e imunidades*: guia prático para o corpo diplomático acreditado no Brasil, p. 74-75.

a) CPF do beneficiário (ou CNJ, caso o beneficiário seja a Missão);

b) cópia da carteira funcional fornecida pela CGPI, quando o beneficiário for funcionário;

c) números de fax, telefones e, também, dos medidores de energia elétrica utilizados pelas Chancelarias e Residências Oficiais dos Chefes de Missão e pelos funcionários credenciados;

d) cópia das contas de eletricidade e das contas dos telefones dos funcionários da Missão Diplomática ou dos Representantes e Representantes-Adjuntos (de nacionalidade estrangeira) dos Organismos Internacionais, de caráter permanente;

e) endereço de onde está localizado o medidor de eletricidade e, no caso de telecomunicações, o endereço residencial do beneficiário (mesmo que a conta seja paga pela Missão);

f) no caso de imóvel alugado e conta em nome do proprietário, é necessária apenas uma cópia da primeira página do contrato de locação, onde constem os nomes do locador e locatário.

Para Missões localizadas fora do Distrito Federal, o benefício pode ser solicitado de duas maneiras:

1. Nos estados do Rio de Janeiro, São Paulo, Paraná e Rio Grande do Sul, a isenção pode ser solicitada diretamente à Secretaria de Fazenda Estadual, que atesta a reciprocidade e encaminha a solicitação às empresas;

2. Nos demais estados, deve-se solicitar à CGPI a emissão de uma Declaração de Reciprocidade de Tratamento quanto à isenção desse imposto. De posse de tal Declaração, a Missão deve-se dirigir à Secretaria de Fazenda Estadual para dar prosseguimento ao pedido de isenção.

Se, por demora no processamento da isenção, as contas dos meses seguintes à solicitação do benefício ainda cobrarem o referido imposto — apenas para as Missões localizadas no Distrito Federal —, pode-se solicitar a restituição do ICMS. Nos pedidos de restituição de ICMS pago em contas de eletricidade ou telecomunicações, a Missão deverá encaminhar à CGPI:

a) Nota Verbal contendo o CPF ou CNPJ;

b) cópia da carteira fornecida pela CGPI, se funcionário;

c) formulário "Pedido de Restituição de Tributos" devidamente preenchido à máquina ou por computador, sem rasuras, com o nome do requisitante sob a assinatura e com o carimbo da Missão;

d) originais das contas com os respectivos comprovantes de pagamento. No caso de débito bancário, juntar o extrato da conta;

e) maço em separado com uma cópia de todos os documentos citados.[67]

---

[67] BRASIL. Ministério das Relações Exteriores. *Manual de normas e procedimentos de privilégios e imunidades*: guia prático para o corpo diplomático acreditado no Brasil, p. 75-77.

No que se refere aos combustíveis, informa o Ministério das Relações Exteriores:

A restituição do ICMS sobre a aquisição de combustíveis — destinados a automóveis de passageiros de propriedade de Missões Diplomáticas, Repartições Consulares de Representações de Organismos Internacionais de caráter permanente e respectivos funcionários estrangeiros — está prevista apenas no Distrito Federal (Convênio ICMS nº 34, de 6 de julho de 2001). Atualmente, aplica-se um limite de 250 litros mensais para cada veículo de uso particular e de 400 litros mensais para cada veículo de uso oficial.

Para obter tal benefício, o interessado deverá encaminhar á CGPI:

a) Nota Verbal contendo o CPF ou CNPJ;

b) formulário "Pedido de Restituição de Tributos" devidamente preenchido, sem rasuras, com o nome do requisitante sob a assinatura e o com o carimbo da missão. A Secretaria de Fazenda determina que seja colocado o dígito verificador no número da agência bancária (exemplo: 1503-2);

c) formulário com o demonstrativo de aquisição de combustíveis para cada mês e para cada veículo, com a especificação do tipo de combustível e com o preenchimento de todos os campos. Não deve haver arredondamento das despesas;

d) os originais dos recibos de pagamento do combustível contendo o nome do titular do veículo, nome da Missão, placa, quantidade exata de litros, tipo de combustível, valor unitário e valor total;

e) fazer uma cópia dos documentos acima mencionados e entregar os dois maços (originais e cópias) à CGPI.

Por determinação da Secretaria de Fazenda do Distrito Federal, não serão aceitas notas fiscais globais, notas fiscais de fora do Distrito Federal ou notas fiscais com a anotação da placa ou do proprietário do veículo com caneta ou letra diferentes dos outros dados constantes, nem mesmo com rasuras, quer no documento fiscal, quer no demonstrativo ou no pedido de restituição. A Secretaria de Fazenda do Distrito Federal solicitou, ainda, que as restituições sejam encaminhadas a cada trimestre ou a cada R$1.000,00 (mil reais) de gastos por cada veículo.

Somente serão aceitos pedidos de restituição de ICMS pago na aquisição de combustível para veículos cadastrados na CGPI, e o prazo de processamento das solicitações, com vistas à restituição, é determinado exclusivamente pela Secretaria de Fazenda do Distrito Federal.[68]

---

[68] BRASIL. Ministério das Relações Exteriores. *Manual de normas e procedimentos de privilégios e imunidades*: guia prático para o corpo diplomático acreditado no Brasil, p. 77-78.

E quanto ao ICMS incidente sobre materiais de construção, o Ministério das Relações Exteriores orienta da forma que segue:

> A restituição do ICMS recolhido quando da aquisição de material de construção destinado à construção, ampliação ou reforma de imóveis de uso das Missões estrangeiras no Brasil está prevista no Convênio ICMS nº 34/01. Além da restituição do ICMS, no caso de materiais de construção também está prevista a restituição do IPI incidente sobre tais materiais (Instrução Normativa SRF nº 151, de 21 de dezembro de 1999, e Decreto nº 4.544, de 26 de dezembro de 2002).
>
> A requisição do benefício deverá seguir os mesmos trâmites da restituição de ICMS de eletricidade ou telecomunicações (Nota Verbal, formulário e notas fiscais, originais e cópias). Após sua devolução pela Secretaria de Fazenda, os documentos originais deverão ser encaminhados a uma das agências da Receita Federal para a restituição do IPI cobrado. Cabe recordar que, para beneficiar-se da restituição, as faturas devem estar em nome da Missão estrangeira.[69]

Em âmbito de *Imposto sobre Transmissão Intervivos de Bens Imóveis (ITBI)*, de competência distrital e municipal, há imunidade pela Convenção e isenção por norma local.[70]

No que se refere ao *Imposto sobre a Propriedade de Veículos Automotores (IPVA)*, de competência distrital e municipal, tem-se imunidade pela Convenção e isenção por norma local.

Deve-se entender a dinâmica do emplacamento de veículos de Embaixadas e Missões, nos termos de Resolução CONTRAM nº 286, de 29 de julho de 2008, que estabelece placa de identificação e define procedimentos para o registro, emplacamento e licenciamento, pelos órgãos de trânsito em conformidade com o Registro Nacional de Veículos Automotores (RENAVAM), de veículos automotores pertencentes às Missões Diplomáticas e às Delegações Especiais, aos agentes diplomáticos, às Repartições Consulares de Carreira, aos agentes consulares de carreira, aos Organismos Internacionais e seus funcionários, aos Funcionários Estrangeiros Administrativos e Técnicos das Missões

---

[69] BRASIL. Ministério das Relações Exteriores. *Manual de normas e procedimentos de privilégios e imunidades*: guia prático para o corpo diplomático acreditado no Brasil, p. 78.

[70] Informa o Itamaraty: "A isenção desse imposto dar-se-á quando da transferência de propriedade de bens imóveis adquiridos pro Governos estrangeiros e está regulamentada, no Distrito Federal, pela Lei Distrital nº 1, de 29 de dezembro de 1988, e pelo Capítulo II, artigo 4º, do Decreto Distrital nº 16.114, de 2 de dezembro de 1994" (BRASIL. Ministério das Relações Exteriores. *Manual de normas e procedimentos de privilégios e imunidades*: guia prático para o corpo diplomático acreditado no Brasil, p. 78).

Diplomáticas, de Delegações Especiais e de Repartições Consulares de Carreira e aos Peritos Estrangeiros de Cooperação Internacional:

> O CONSELHO NACIONAL DE TRÂNSITO – CONTRAN, usando da competência que lhe confere o art. 12, inciso I, da Lei nº 9.503 de 23 de setembro de 1997, que instituiu o Código de Trânsito Brasileiro, e conforme o Decreto nº 4.711, de 29 de maio de 2003, que dispõe sobre a coordenação do Sistema Nacional de Trânsito, e; Considerando as proposições apresentadas pelo Ministério das Relações Exteriores e a necessidade do registro e licenciamento dos veículos automotores pertencentes às Missões Diplomáticas, Delegações Especiais, Repartições Consulares de Carreira e de Representações de Organismos Internacionais; Considerando o que consta no processo n.º 80001.024239/2006-06, RESOLVE:
>
> Art. 1º Os veículos automotores pertencentes às Missões Diplomáticas e às Delegações Especiais, aos agentes diplomáticos, às Repartições Consulares de Carreira, aos agentes consulares de carreira, aos Organismos Internacionais e seus funcionários, aos Funcionários Estrangeiros Administrativos e Técnicos das Missões Diplomáticas, de Delegações Especiais e de Repartições Consulares de Carreira e aos Peritos Estrangeiros de Cooperação Internacional, serão registrados, emplacados e licenciados pelos órgãos de trânsito em conformidade com o Registro Nacional de Veículos Automotores – RENAVAM.
>
> §1º Os documentos de registro e de licenciamento dos veículos a que se refere o caput do artigo são os previstos na legislação pertinente.
>
> §2º As placas de identificação dos veículos de que trata esta Resolução são as previstas na Resolução do CONTRAN nº 231/07, alterada pela Resolução nº 241/07, terão o fundo na cor azul e os caracteres na cor branca e as combinações alfanuméricas obedecerão a faixas específicas do RENAVAM distribuídas para cada unidade de federação, e deverão conter as seguintes gravações estampadas na parte central superior da placa (tarjeta), substituindo-se a identificação do Município:
>
> I - CMD, para os veículos de uso de Chefes de Missão Diplomática e de Delegações Especiais;
>
> II - CD, para os veículos pertencentes a Missão Diplomática, a Delegações Especiais e a agentes diplomáticos;
>
> III - CC, para os veículos pertencentes a Repartições Consulares de Carreira e a agentes consulares de carreira;
>
> IV - OI, para os veículos pertencentes às Representações de Organismos Internacionais, aos Organismos Internacionais com sede no Brasil e a seus representantes;
>
> V - ADM, para os veículos pertencentes a funcionários administrativos e técnicos estrangeiros de Missões Diplomáticas, Delegações Especiais, Repartições Consulares de Carreira, Representações de Organismos Internacionais e Organismos Internacionais com sede no Brasil;

VI - CI, para os veículos pertencentes a peritos estrangeiros, sem residência permanente, que venham ao Brasil no âmbito de Acordo de Cooperação Internacional.

Art. 2º O registro do veículo, a expedição do Certificado de Registro e a designação da combinação alfanumérica da placa de identificação serão realizadas pelos órgãos executivos de trânsito dos Estados e do Distrito Federal mediante a apresentação de autorização expedida pelo Cerimonial do Ministério das Relações Exteriores.

§1º Além da expedição da autorização de que trata o caput deste artigo, o Cerimonial do Ministério das Relações Exteriores providenciará o pré-cadastro do veículo no RENAVAM com as informações necessárias para o registro do veículo nas repartições de trânsito.

§2º Os veículos de que trata esta Resolução serão registrados conforme a categoria indicada na letra "b" do inciso III do art. 96 do Código de Trânsito Brasileiro.

Art. 3º Todo ato translativo de propriedade e a mudança de categoria dos veículos de que trata esta Resolução serão procedidos pelos órgãos executivos de trânsito dos Estados e do Distrito Federal com as seguintes exigências:

I - autorização expedida pelo Cerimonial do Ministério das Relações Exteriores;

II - indicação da liberação da transação no RENAVAM, que deverá ser procedida pelo Cerimonial do Ministério das Relações Exteriores;

III - o veículo deverá estar adequado à legislação de trânsito vigente.

Art. 4º Os veículos registrados e emplacados conforme dispõe esta Resolução deverão ser licenciados anualmente, observando-se os casos de imunidade e isenções previstos na legislação e nos atos internacionais em vigor, devidamente declarados por intermédio do Cerimonial do Ministério das Relações Exteriores.

Parágrafo único. O licenciamento anual somente será efetivado quando não houver restrição por parte do Cerimonial do Ministério das Relações Exteriores.

Art. 5º O Departamento Nacional de Trânsito – DENATRAN deverá providenciar até 31 de dezembro de 2008, todos os aplicativos necessários no RENAVAM para o seu funcionamento adequado ao disposto nesta Resolução e para viabilizar o acesso do Cerimonial do Ministério das Relações Exteriores.

Art. 6º Os veículos de que trata esta Resolução, já em circulação, deverão estar registrados, emplacados e licenciados pelos órgãos de trânsito nos termos desta resolução até o dia 31 de dezembro de 2009.

Art. 7º Esta Resolução entra em vigor a partir de 1º de janeiro de 2009, revogando a Resolução nº 835/97.

A imunidade alcança os veiculas placas CMD (Chefe de Missão Diplomática), CD (Corpo Diplomático), CC (Corpo Consular), OI (Organização Internacional), ADM (Pessoal Administrativo) e CI (Veículos pertencentes a peritos estrangeiros).

Em campo de Impostos Federais, entende-se que há imunidade sobre *Imposto de Renda (IR)*, *Imposto de Importação (II)* e *Imposto sobre Operações Financeiras (IOF)*.

Não há imunidade, porém, e sim, isenções, para o *Imposto sobre Produtos Industrializados (IPI)* — isenção no caso da construção civil e da aquisição de automóveis. No IPI não há imunidade por se tratar de imposto indireto. A venda do automóvel a não detentor do privilégio segue a seguinte tabela de recolhimento de impostos: antes de 12 meses: 0%; 12-24 meses: 30%; 24 e 36 meses: 70% e após 36 meses: 100%.

Não há imunidades para *Imposto de Exportação* e *Imposto Territorial Rural*, e nem haveria razões para tal.

Há isenção para exportação de veículo, de uso próprio.

Em matéria de outras exações, não há imunidades e nem isenção para o pagamento do *Seguro Obrigatório de Veículo (DPVAT)*. E quanto às *Taxas de Embarque Aeroportuário, Taxas de Pouso e de Permanência no Aeroporto* há isenções (mediante reciprocidade).

Quanto às *Taxas de Registro e de Porte de Armas* são devidos R$300 e R$1.000, respectivamente, exceto na hipótese de reciprocidade.

Em matéria de contribuições em geral, não há imunidade e nem isenção para CIDE-COMBUSTÍVEIS. Há, porém, imunidade sobre Contribuições de Melhoria, por força de disposição convencional.

Quanto às Contribuições Previdenciárias (INSS) há imunidade para diplomatas, cônsules e funcionários estrangeiros. Não há imunidade, e nem isenções, para funcionários locais, nos seguintes parâmetros: até R$965,67 (8%), de 965,67 até 1.069,45 (9%), acima de 1.609,46 (11,00%). A legislação da previdência social compara a Missão Diplomática e a Repartição Consular às Empresas (art. 15, Lei nº 8.212/1991).

Nos termos de orientação do Itamaraty tem-se o seguinte quadro:

> A Previdência Social é um seguro social e tem como objetivo reconhecer e conceder direitos a seus segurados. A renda transferida pela Previdência Social é utilizada para substituir a renda do trabalhador contribuinte quando ele perde a capacidade de trabalho, seja por doença, invalidez, idade avançada, morte ou mesmo pela maternidade ou por reclusão.
>
> O Regime Geral de Previdência Social (RGPS) é o regime de previdência que protege a maior parte dos trabalhadores do Brasil. O RGPS cobre os trabalhadores assalariados urbanos, autônomos, domésticos e rurais. É gerenciado pelo Instituto Nacional do Seguro Social (INSS), é

compulsório, e sua política é formulada pelo Ministério da Previdência Social. Concede-se aposentadoria por idade aos homens com 65 anos e às mulheres com 60 anos na área urbana, e aos homens com 60 anos e mulheres com 55 anos na área rural, ou por tempo de contribuição, após 35 anos para homens e 30 para as mulheres.

De acordo com a Constituição de 1988, a Seguridade Social, da qual faz parte o RGPS, é financiada por toda a sociedade, de forma direta e indireta, mediante recursos provenientes da União, dos estados, do Distrito Federal, dos municípios e das contribuições sociais da empresa e da entidade a ela equiparada, e do trabalhador e demais segurados da Previdência Social.

Segundo a Lei nº 8.212, de 24 de julho de 1991, que dispõe sobre a organização da Seguridade Social, a Missão Diplomática e a Repartição Consular de carreira estrangeiras se equiparam a empresas (artigo 15), com obrigações equivalentes, e é segurado aquele que presta serviço no Brasil à Missão Diplomática ou à Repartição Consular de carreira estrangeira e a órgãos a elas subordinados, ou a membros dessas Missões e Repartições, excluído o não-brasileiro sem residência permanente no Brasil (artigo 12).

As Missões Diplomáticas e Repartições Consulares de carreira são obrigadas a descontar a contribuição de seus funcionários locais, conforme a seguinte base de cálculo das contribuições previdenciárias. (...)

A contribuição destinada à Seguridade Social a cargo das Missões Diplomáticas e Repartições Consulares de carreira, equiparadas a empresas, são as seguintes:

a) 20% sobre o total das remunerações pagas, devidas ou creditadas a qualquer título, durante o mês, aos segurados empregados, trabalhadores avulsos e contribuintes individuais (autônomos) que lhe prestem serviços (artigo 22, incisos I e III);

b) 1% sobre o total das remunerações pagas ou creditadas, no decorrer do mês, aos segurados empregados e trabalhadores avulsos, para custeio dos benefícios por incapacidade decorrentes dos riscos ambientais do trabalho (artigo 22, inciso II, "a");

c) 15% sobre o valor bruto da nota fiscal ou fatura de prestação de serviços, relativamente a serviços que lhe são prestados pro cooperados por intermédio de cooperativas de trabalho (artigo 22, inciso IV);

d) retenção e repasse à Previdência de 11% sobre o valor da nota fiscal de serviços executados mediante cessão de mão-de-obra, nos casos de limpeza, conservação, zeladoria, vigilância e segurança, entre outros (artigo 31).

A Missão Diplomática ou Repartição Consular de carreira tem, ainda, as seguintes obrigações:

a) inscrever segurados empregados e contribuintes individuais quando não inscritos;

b) efetuar o recolhimento das contribuições previdenciárias devidas;
c) elaborar folha de pagamentos das remunerações;
d) fornecer aos trabalhadores comprovante da remuneração;
e) comunicar acidentes do trabalho;
f) informar, via GFIP (Guia de Recolhimento do FGTS e Informações à Previdência), todos os fatos geradores de contribuições e demais informações de interesse da Previdência Social;
g) pagar salário-família e salário-maternidade, deduzindo o respectivo valor no ato do recolhimento das contribuições;
h) manter programa de gerenciamento de riscos ambientais do trabalho, salvo se não possuírem empregados regidos pela CLT (IN nº 3, artigo 381, §2º).[71]

Feito o quadro, identifico, em seguida, o modo como nossos tribunais superiores têm entendido os problemas de imunidade de jurisdição e de execução.

---

[71] BRASIL. Ministério das Relações Exteriores. *Manual de normas e procedimentos de privilégios e imunidades*: guia prático para o corpo diplomático acreditado no Brasil, p. 96-97.

CAPÍTULO 6

AS IMUNIDADES NO SUPREMO TRIBUNAL FEDERAL

Como premissa historiográfica, tomo a construção jurisprudencial do Supremo Tribunal Federal a partir de 1987, fixando-se, assim, a atenção em formulações mais recentes, e de maior utilidade.
Na Apelação Cível nº 9.705/DF,[72] problematizou-se a imunidade de jurisdição em face de silêncio do Estado estrangeiro. Entendia-se, até então, sem restrições, que a imunidade de jurisdição do Estado estrangeiro se justificava pelos costumes internacionais bem como pelas Convenções de Viena, de 1961 e de 1963.
A imunidade somente seria afastada se o Estado que dela se beneficiasse dela renunciasse. No caso, tinha-se reclamação trabalhista proposta contra a Embaixada da Espanha. Esta última, que se manteve em silêncio ao longo do processamento da reclamatória, foi condenada ao pagamento de verbas, que seriam apuradas em liquidação de sentença.
Os cálculos foram impugnados pela reclamante. Homologado o valor originário, em sentença, seguiu agravo de petição ao Tribunal

---

[72] STF: "Apelação Cível contra decisão prolatada em liquidação de sentença. Imunidade de jurisdição do Estado estrangeiro. Esta corte tem entendido que o próprio Estado estrangeiro goza de imunidade de jurisdição, não só em decorrência dos costumes internacionais, mas também pela aplicação a ele da Convenção de Viena sobre Relações Diplomáticas, de 1961, nos termos que dizem respeito a imunidade de jurisdição atribuída a seus agentes diplomáticos. Para afastar-se a imunidade de jurisdição relativa a ação ou a execução (entendida esta em sentido amplo), e necessária renúncia expressa por parte do Estado estrangeiro. Não ocorrência, no caso, dessa renúncia. Apelação Cível que não se conhece em virtude da imunidade de jurisdição" (ACi nº 9.705/DF, Pleno. Rel. Min. Moreira Alves. Julg. 9.9.1987. DJ, 23 out. 1987).

Federal de Recursos. A agravante pretendia ampliar o valor da condenação, embutindo juros e correção monetária.

O TFR não conheceu do agravo. Invocou-se que a competência para apreciação desse tipo de questão contra Estado estrangeiro era do Supremo Tribunal Federal. Este último recebeu o recurso e o processou como apelação cível, nos termos do art. 318 do Regimento Interno daquele Tribunal.

A Procuradoria-Geral da República juntou parecer, lembrando que a Espanha não havia se manifestado em nenhuma das fases processuais. Citou-se voto do Min. Rafael Mayer, no sentido de que a revelia e, portanto, o silêncio, não significava que a Espanha renunciava a imunidade e aceitava a jurisdição brasileira, naquele caso.

Não se poderia retirar do silêncio um resultado de aquiescência, um indício de presunção. Além do que, seriam necessárias duas renúncias: de jurisdição e, depois, de execução. O Procurador-Geral da República opinou pela extinção do processo. A sentença proferida na ação de conhecimento havia transitado em julgado.

A imunidade deveria ser compreendida em sentido amplo, isto é, deveria também alcançar a liquidação da sentença. O STF reconhecia a imunidade de jurisdição de Estados estrangeiros. Entendia-se que a imunidade recebia qualificação mais rigorosa ainda quando se tratasse de execução.

A imunidade somente seria afastada no caso de renúncia expressa, por parte de seu beneficiário. É a linguagem da Convenção de Viena, que também dispõe que a renúncia a imunidade não importa em renúncia para efeitos de execução. Não se conheceu da ação, com base na imunidade de jurisdição.

Na Apelação Cível nº 9.690/SP,[73] discutiu-se se era caso de renúncia de imunidade, por parte do Estado estrangeiro, requerimento judicial para participação no polo ativo de uma demanda.

---

[73] STF: "Apelação Cível. Inquérito trabalhista. Despedida de empregado de Consulado-Geral de Estado estrangeiro. Renúncia a imunidade de jurisdição, pelo Estado estrangeiro, que requereu, perante a Justiça brasileira, a instauração do inquérito trabalhista. Falta grave. Agressão física a um subordinado. Incontinência de conduta. Aspectos anteriores negativos do procedimento funcional do empregado que já haviam ensejado sanção disciplinar. Não ocorrência de *bis in idem* na aplicação da penalidade. Justa causa. Rescisão do contrato de trabalho, pelo empregador, com base no art. 482, letra 'b', da CLT. Afastamento do serviço, com os salários, enquanto a Administração do Consulado realizava sindicância para apuração prévia dos fatos. Não aceitação da *probation*, por um ano, pelo empregado. Tentativa anterior de recuperação do empregado, quando principiou seu declínio funcional. A circunstância da aplicação do direito trabalhista brasileiro, para dirimir a controvérsia (*lex loci executionis*), não implica, por si só, a inviabilidade de poderem os órgãos do Estado

No caso, se tratava de discussão de cunho trabalhista, com inquérito prévio, requerido pelo Consulado dos Estados Unidos da América, em São Paulo, e que se desdobrou também em interessante discussão a propósito do instituto da *probation*, que é do direito norte-americano, e que se desconhece no direito brasileiro.

O consulado norte-americano havia protocolado inquérito trabalhista para apurar falta grave de um funcionário e obter autorização para despedida deste. Pode-se questionar se a movimentação do consulado qualificava, objetivamente, renúncia à imunidade.

O problema radicava em eventual falta grave praticada por funcionário brasileiro do consulado norte-americano. O funcionário teria agredido fisicamente a subordinado, o que justificaria demissão por justa causa. Antes da demissão o consulado havia submetido o funcionário brasileiro ao regime de *probation*, inexistente na legislação trabalhista brasileira.

Lembrou-se que nos termos do art. 17 da Lei de Introdução ao Código Civil o direito estrangeiro poderia ser aqui aplicado na medida em que não se violasse a soberania nacional. O consulado afirmava que o funcionário mostrava-se desidioso, desinteressado, era alcoolista, o que justificava a aplicação dos artigos 482, "b" e "h", 492 e 493 da Consolidação das Leis do Trabalho.

---

estrangeiro empregador ser considerados, segundo as peculiaridades do funcionamento de seus serviços e de acordo com disciplina interna a todos os empregados aplicável, desde que a evidencia não ofenda a soberania nacional, a ordem pública e os bons costumes, a teor do art. 17 da Lei de Introdução ao Código Civil. Os atos de disciplina, ditados pela organização administrativa da Embaixada ou do Consulado, do Estado estrangeiro, no território nacional, respeitado o disposto no art. 17, da Lei de Introdução ao Código Civil, hão de ser considerados no exame de eventual litígio trabalhista posto a apreciação do Poder Judiciário brasileiro. Se um certo comportamento pode ser tido como tolerável no âmbito de uma empresa privada, não configurando falta grave, nada obsta tê-lo como de maior gravidade, se ocorrer, em relação de emprego, no âmbito de Repartição estrangeira, no território nacional, que assim lhe empreste, com mais rigor, determinada disciplina, sempre tendo em conta o parâmetro do art. 17 da LICC. Não se caracterizou, na espécie, dupla punição, pelo mesmo fato. O afastamento do empregado, sem prejuízo dos salários, em virtude de fato grave sucedido no recinto de trabalho do Consulado-Geral em São Paulo, fez-se com o objetivo de tornar viável a apuração completa do incidente, segundo diretrizes de serviço do Estado estrangeiro, não atentatórias, na espécie, ao art. 17, da LICC. A atualidade da punição verificou-se. Sentido da não-aceitação, pelo empregado, da *probation*. Nos autos, não só se afirmam as ofensas físicas contra outro colega, no recinto do Consulado, mas, também, comportamento do empregado que, progressivamente, o comprometia por desídia, desinteresse pelo serviço, com o frequente não-cumprimento dos expedientes normais de trabalho e, ainda, por apresentação, com sinais de ter ingerido álcool, manifestações verificadas em serviço. Procedência do inquérito judicial. Falta grave enquadráveis nas letras 'b' e 'h' do art. 482 da CLT, aos fins dos arts. 492 e 493 do mesmo diploma legal. Apelação a que se nega provimento" (ACi nº 9.690/SP, Pleno. Rel. Min. Néri da Silveira. Julg. 31.08.1988. *DJ*, 13 mar. 1992).

O consulado havia ajuizado inquérito trabalhista na Justiça Federal de 1ª instância com o objetivo de apurar falta grave do referido funcionário. Empregado do Consulado Geral dos Estados Unidos em São Paulo desde 11.3.1959, o interessado começara como motorista. Em 1979, passou a trabalhar como assistente de serviços gerais. Em 27.2.1980, violou moral e fisicamente a companheiro de trabalho, subordinado seu, que era motorista. O inquérito (e correspondente ação) foi julgado procedente em 1ª instância. Concomitantemente, havia reclamatória trabalhista que corria na Justiça do Trabalho, e que foi remetida à Justiça Federal.

Na reclamatória trabalhista havia notícias de elogios e diplomas com os quais no consulado havia contemplado o reclamante. Por outro lado, além do episódio da agressão a colega de trabalho, o reclamante havia também utilizado indevidamente um avião militar de uso do consulado norte-americano. Os processos foram reunidos e analisados pela Justiça Federal.

Manteve-se a decisão de procedência do inquérito trabalhista e decidiu-se pela improcedência da reclamação trabalhista: fora legal a demissão do funcionário desidioso, por justa causa.

O reclamante interpôs recurso ordinário, que foi autuado como apelação cível. Em 17.6.1984, o reclamante faleceu. Seus sucessores se habilitaram para acompanharem a demanda. Invocavam *abuso de poder disciplinar*, porquanto o reclamante originário fora submetido ao regime de *probation*.

Alegavam que o reclamante havia se destacado na empresa, que fora recorrentemente elogiado, e que fora submetido a várias punições. O consulado contra-argumentava que a *probation* era mera medida de cunho administrativo. O empregado permaneceria um tempo em casa, e continuaria recebendo seus salários. Quando retornasse, durante um ano, ficaria sob observação, não se permitindo que tivesse aumentos salariais ou que fosse promovido.

O consulado também invocava que o fato de que aforaram inquérito trabalhista não significava que renunciavam às imunidades de jurisdição e de execução. Lembravam o art. 31 da Convenção de Viena, que exige renúncia expressa da imunidade que o tratado confere.

Além do que, devia-se levar em conta que o empregado não desempenhava suas funções numa fábrica ou oficina. Prestava serviços numa repartição consular. Comprovou-se também que o reclamante vinha apresentando vários sinais de alcoolismo. Morrera de insuficiência e cirrose hepática, aos 45 anos de idade, quando deixara três filhas, respectivamente de 24, 20 e 12 anos.

Negou-se provimento à apelação, mantendo-se a despedida, por justa causa, decorrente, entre outros, do inquérito trabalhista que apurou falta grave, consignando-se que o ajuizamento do inquérito não implicava em renúncia às imunidades.

Na Apelação Cível nº 9.696/SP,[74] percebe-se guinada na jurisprudência brasileira. Acolheram-se as razões de voto do Min. Francisco Rezek, que diferenciou *atos de gestão* e *atos de império*, fixando as fronteiras entre imunidade relativa e imunidade absoluta.

Esta última, imunidade absoluta, alcançaria os atos de império. Aquela outra, imunidade relativa, alcançaria os atos de gestão.

Trata-se de causa trabalhista que remonta a reclamatória ajuizada contra a então embaixada da República Democrática Alemã.

Assentou-se que a imunidade de jurisdição não se aplicaria às causas trabalhistas, aforadas contra Estado estrangeiro. A ação foi proposta em 25.10.1976 contra a Representação Comercial da República Democrática Alemã. A autora pretendia que se fizesse anotação na carteira de trabalho de seu falecido marido, especialmente no que se referia a dados relativos a salários recebidos da reclamada.

Contestou-se a ação, invocando-se, como esperado, imunidade de jurisdição, em favor da Alemanha. A então Junta de Conciliação e Julgamento rejeitou a imunidade invocada, forte na tese de que o contrato de trabalho regulava atividade que seria desenvolvida em área comercial. O empregado não atuaria em áreas prioritárias de direito público.

A atividade negocial que fundamentava o contrato de trabalho não caracterizava ato de império. A Junta deu pela procedência da reclamação trabalhista. Subiu recurso ordinário para o Tribunal Regional do Trabalho da 2ª Região.

Analisou-se preliminar de incompetência da Justiça do Trabalho para apreciar a matéria, dado que havia Estado estrangeiro num dos pólos da ação. Instaurado conflito de jurisdição o Supremo Tribunal Federal definiu pela competência da Justiça Federal, para onde os autos

---

[74] STF: "Estado estrangeiro. Imunidade judiciária. Causa trabalhista. Não há imunidade de jurisdição para o Estado estrangeiro, em causa de natureza trabalhista. Em princípio, esta deve ser processada e julgada pela Justiça do Trabalho, se ajuizada depois do advento da Constituição Federal de 1988 (art. 114). Na hipótese, porém, permanece a competência da Justiça Federal, em face do disposto no paragrafo 10 do art. 27 do ADCT da Constituição Federal de 1988, c/c art. 125, II, da EC n. 1/69. Recurso Ordinário conhecido e provido pelo Supremo Tribunal Federal para se afastar a imunidade judiciária reconhecida pelo Juízo Federal de Primeiro Grau, que deve prosseguir no julgamento da causa, como de direito" (ACi nº 9.696/SP, Pleno. Rel. Min. Sydney Sanches. Julg. 31.5.1989. *DJ*, 12 out. 1990).

foram baixados. Magistrado da 1ª Vara da Justiça Federal em São Paulo julgou a reclamante carecedora de ação.

Reconheceu-se a imunidade de jurisdição em favor da Alemanha. Seguiu outro recurso ordinário, então para o antigo Tribunal Federal de Recursos. Este não conheceu do recurso e o remeteu para o Supremo Tribunal Federal. Registre-se que se entendeu que escritório comercial de embaixada fora considerado como parte e extensão da embaixada. Além do que, o referido escritório fora fechado ao longo do contrato de trabalho.

O reclamante/recorrente teria prestado serviços diretamente para a República Democrática Alemã. A reclamada detinha imunidade, cuja renúncia somente se daria mediante renúncia expressa. Eventual silêncio da reclamada, portanto, não qualificaria ato de renúncia, mediante aquiescência implícita.

O Ministério Público opinou pelo conhecimento do recurso, mas também por seu improvimento. A matéria seguiria para o Superior Tribunal de Justiça, que ainda não fora instalado.

Aplicou-se regra do Ato das Disposições Constitucionais Transitórias da Constituição Federal de 1988, que remetia a matéria, ao longo da transição, para o Supremo Tribunal Federal. Por outro lado, o art. 114 da Constituição de 1988 fixava a questão no âmbito de competência da Justiça do Trabalho.

Porém, como é o tempo quem rege o ato, e como os fatos todos se passaram sob o regime da Constituição de 1969, entendeu-se que a competência da Justiça Federal fora adequadamente exercida.

Alertou-se na ocasião que o regime do art. 114 da Constituição de 1988 havia abrandado o regime de imunidades, retirando sua natureza absoluta, que mostraria doravante relativa. O Supremo Tribunal Federal conheceu da apelação, firme em interpretação de direito constitucional superveniente, com eliminação, na hipótese, de imunidade de Estado estrangeiro em causa de natureza trabalhista.

Deu-se provimento à apelação. Cassou-se a sentença de 1º grau, determinando-se que os autos baixassem, para julgamento da causa, no mérito. Porém, na ACi nº 9.696/SP, o que de mais importante se ressalta fora o voto-vista do Ministro Francisco Rezek.

A vista fora pedida na convicção do Ministro Rezek, no sentido de que o STF deveria julgar a causa, ainda que se vivesse a iminência de instauração do STJ. E Rezek também decidiu que o magistrado de primeiro grau devesse prosseguir no julgamento da causa. Rezek lembrou que o STF sempre acentuara dois campos distintos quanto à imunidade de jurisdição. Havia a imunidade pessoal (decorrente das

Convenções de Viena, de 1961 e de 1963), aplicada a quem ligado aos serviços diplomáticos e consulares.

Na hipótese, lembrava Rezek, processos cíveis e criminais nos quais se tinha réu membro do corpo diplomático ou consular estrangeiro acreditado no Brasil. Na prática corrente, no entanto, assinalava Rezek, o réu preferencial era o próprio Estado estrangeiro. É que não se tinha notícia de ajuizamento de ação contra diplomata ou cônsul.

Segundo Rezek, a demanda se dava contra pessoa jurídica de direito público externo. Eram ações trabalhistas (dois terços dos casos, segundo Rezek) ou indenizatórias (em âmbito de responsabilidade civil).

As convenções protegiam o diplomata e o cônsul, e não o Estado estrangeiro. A imunidade do Estado estrangeiro fundamentava-se em *antiga e sólida regra costumeira do Direito das Gentes*, e não em norma escrita, pactuada, nos termos do voto de Francisco Rezek.

Para Rezek, o art. 114 da Constituição Federal fixava competência para litígio entre empregador e empregador, inclusive quando este último fosse pessoa jurídica de direito público externo. O que a Constituição fizera não fora apenas um deslocamento de competência, da Justiça Federal para a Justiça do Trabalho, nas causas de direito do trabalho, quando se verificasse Estado estrangeiro num dos polos da lide.

O objetivo deste redesenho constitucional não se prendia apenas a questões de competência, isto é, o texto constitucional deixava claro que tal tipo de litígio seria admitido entre nós. A regra costumeira que justificava a imunidade, segundo Rezek, perdera sentido na década de 1970. Já não mais existia.

Em 16.5.1972, conheceu-se uma Convenção Europeia sobre Imunidade Estatal, celebrada em Basileia. Chegou-se a uma distinção muito nítida entre atos de império e atos de gestão. Rezek pontuava que se fermentava tese no sentido de que a imunidade não poderia mais ostentar uma natureza absoluta.

Segundo o internacionalista, a imunidade *deveria comportar temperamentos*. No entanto, até então, o STF mantinha-se fiel à doutrina da imunidade absoluta. Para Rezek, a efervescência capitalista fazia com que os Estados estrangeiros não se fizessem representar apenas por embaixadas e consulados; mas também por escritórios, em bolsas de valores, no comércio de títulos.

O STF e a doutrina brasileira marcavam entendimento de que todos os atos praticados por embaixadas ou consulados eram, efetivamente, atos de império. Rezek discordava. Embaixadas e consulados praticam atos de império, de conteúdo substancialmente administrativo, segundo Rezek, por exemplo, quando convocavam o eleitorado ou outorgavam passaportes.

Mas também praticam atos de gestão, quando contratam serviços, ou quando entabulam relações trabalhistas com funcionários brasileiros. A convenção de 1972, dizia Rezek, afirmava que imunidade não existe em caso de demanda trabalhista ajuizada por súdito local.

E a regra valeria também para ação indenizatória pelo não cumprimento de contrato comum. Também nos Estados Unidos, em 21.10.1976, promulgou-se o *Foreign Sovereign Immunities Act*, que seguia, em linhas gerais, nos termos do voto de Rezek, a linha da Convenção Europeia.

E também na Inglaterra, em 1978, promulgou-se o *State Immunity Act*, que retirava a imunidade absoluta que se pretendia historicamente fixar nos Estados; a lei inglesa não reconhecia a imunidade absoluta. A imunidade não alcançaria matéria contratual, trabalhista, bem como ações indenizatórias decorrentes de responsabilidade civil.

Assim, segundo o Min. Rezek, não se poderia mais falar em plenário que uma sólida regra de direito internacional costumeiro justificava a imunidade absoluta. Nesse sentido, o art. 114 da Constituição de 1988 não desafiava nenhuma regra (ainda que costumeira) de direito internacional público.

Paulo Brossard acompanhou o voto de Rezek, no que foi seguido por Célio Borja e Octavio Gallotti. Aldir Passarinho observou que Rezek havia separado atos de império e de gestão, especialmente no sentido de que o art. 114 da Constituição dispunha apenas sobre regra de competência, do mesmo modo como a questão era tratada na Constituição de 1969, embora com outra disciplina. Não havia nenhuma alteração de substância.

Aldir Passarinho ponderou que é a disponibilidade do Estado em se permitir julgado e executado em outra jurisdição que pacifica a questão. Um fundamento ético justificaria tal grandeza.

Citou a metáfora do moleiro prussiano, que ajustou ao problema que se debatia. Passarinho lembrou que o Rei Frederico, o Grande, pretendia comprar de um moleiro uma área de terras na Alemanha. O moleiro não se interessa em vendê-la. Frederico obtemperou que poderia tomar as terras para si. E moleiro respondeu que isso seria muito fácil, se não houvessem juízes em Berlim...

Sydney Sanches, ao fim, aderiu às razões do voto de Rezek.

No Agravo Regimental no Agravo de Instrumento nº 139.671/ DF,[75] afirmou-se a doutrina da imunidade relativa. A questão era de direito do trabalho.

Reconheceu-se a jurisdição brasileira. Em tema de direito trabalhista confirmou-se que a imunidade (de jurisdição) é relativa. Trata-se da *teoria da imunidade jurisdicional relativa ou limitada*. Entendeu-se que julgador deve o levar em conta a natureza do ato motivador da instauração da causa.

Tem-se a queda de imunidade quando o Estado estrangeiro age na atividade privada. A referida teoria pretende conciliar imunidade jurisdicional de Estado estrangeiro com direito legítimo de particular ressarcir-se de prejuízos de atos ilícitos.

No julgado se lembrou que os Estados Unidos da América já haviam repudiado a dogmática da doutrina *Schooner,* por intermédio da Carta Tatte; tal posição se consolidou com a lei norte-americana de 1976 (*Foreign Sovereign Immunities Act*).

Os Estados Unidos protocolaram recurso especial contra acórdão do STJ que não reconheceu a doutrina da imunidade absoluta, até então reinante. O STJ não conheceu do recurso especial; e contra tal decisão subiu agravo de instrumento. Negado provimento ao agravo, decidindo-se pela relatividade da imunidade, manejou-se o agravo regimental.

Nesta última peça os Estados Unidos invocaram algumas questões formais: representação por advogado não exatamente explicitada no mandato, bem como nulidade da decisão no agravo por falta de pronunciamento do Ministério Público, nada obstante ter se realizado intimação regular.

Não se alterou o julgado. Entendeu-se que o recurso dos Estados Unidos não prosperaria porquanto a decisão do STJ ajustava-se a *magistério jurisprudencial do STF*. Fortaleceu-se o entendimento de que a imunidade jurisdicional dos Estados contava com fundamentação consuetudinária. Decorria da prática da *comitas gentium*. Não radicava em lei ou tratado. Não decorria de disposição das convenções de Viena, que dispõem sobre relações diplomáticas e consulares. Não se trata de questão de imunidade pessoal ou real, tal como se ajustou nas convenções de Viena.

Nestes dois tratados (Viena, 1961 e 1963) pretende-se a proteção do agente diplomático em suas atividades, bem como a inviolabilidade

---

[75] STF. AI nº 139.671-AgR/DF, 1ª Turma. Rel. Min. Celso de Mello. Julg. 20.06.1995. *DJ*, 29 mar. 1996.

da missão, na percepção de Celso de Mello. Acentuou-se, por fim, que a legislação internacional (Estados Unidos, Inglaterra, Cingapura, África do Sul e Paquistão) abandonara a doutrina da imunidade absoluta. Segue a ementa, na íntegra, do aludido e importante julgado:

> Agravo de Instrumento – Estado estrangeiro – Reclamação trabalhista ajuizada por empregados de embaixada – Imunidade de jurisdição – Caráter relativo – Reconhecimento da jurisdição doméstica dos juízes e tribunais brasileiros – Agravo improvido. Imunidade de jurisdição. Controvérsia de natureza trabalhista. Competência jurisdicional dos tribunais brasileiros. – A imunidade de jurisdição do Estado estrangeiro, quando se tratar de litígios trabalhistas, revestir-se-á de caráter meramente relativo e, em consequência, não impedira que os juízes e Tribunais brasileiros conheçam de tais controvérsias e sobre elas exerçam o poder jurisdicional que lhes e inerente. Atuação do Estado estrangeiro em matéria de ordem privada. Incidência da teoria da imunidade jurisdicional relativa ou limitada. – O novo quadro normativo que se delineou no plano do direito internacional, e também no âmbito do direito comparado, permitiu — ante a realidade do sistema de direito positivo dele emergente — que se construísse a teoria da imunidade jurisdicional relativa dos Estados soberanos, tendo-se presente, para esse específico efeito, a natureza do ato motivador da instauração da causa em juízo, de tal modo que deixa de prevalecer, ainda que excepcionalmente, a prerrogativa institucional da imunidade de jurisdição, sempre que o Estado estrangeiro, atuando em matéria de ordem estritamente privada, intervier em domínio estranho aquele em que se praticam os atos *jure imperii*. Doutrina. Legislação comparada. Precedente do STF. A teoria da imunidade limitada ou restrita objetiva institucionalizar solução jurídica que concilie o postulado básico da imunidade jurisdicional do Estado estrangeiro com a necessidade de fazer prevalecer, por decisão do Tribunal do foro, o legitimo direito do particular ao ressarcimento dos prejuízos que venha a sofrer em decorrência de comportamento imputável a agentes diplomáticos, que, agindo ilicitamente, tenham atuado *more privatorum* em nome do País que representam perante o Estado acreditado (o Brasil, no caso). Não se revela viável impor aos súditos brasileiros, ou a pessoas com domicílio no território nacional, o ônus de litigarem, em torno de questões meramente laborais, mercantis, empresariais ou civis, perante tribunais alienígenas, desde que o fato gerador da controvérsia judicial — necessariamente estranho ao especifico domínio dos *acta jure imperii* — tenha decorrido da estrita atuação *more privatorum* do Estado estrangeiro. Os Estados Unidos da América e a doutrina da imunidade de jurisdição relativa ou limitada. Os Estados Unidos da América — parte ora agravante — já repudiaram a teoria clássica da imunidade absoluta naquelas questões em que o Estado estrangeiro intervém em domínio essencialmente privado. Os Estados Unidos da América — abandonando a posição dogmática que

se refletia na doutrina consagrada por sua Corte Suprema em *Schooner Exchange vs. McFaddon* (1812) — fizeram prevalecer, já no início da década de 1950, em típica declaração unilateral de caráter diplomático, e com fundamento nas premissas expostas na Tate Letter, a conclusão de que "tal imunidade, em certos tipos de caso, não devera continuar sendo concedida". O Congresso americano, em tempos mais recentes, institucionalizou essa orientação que consagra a tese da imunidade relativa de jurisdição, fazendo-a prevalecer, no que concerne a questões de índole meramente privada, no *Foreign Sovereign Immunities Act* (1976). Desistência do recurso. Necessidade de poder especial. Não se revela lícito homologar qualquer pedido de desistência, inclusive o concernente a recurso já interposto, se o Advogado não dispõe, para tanto, de poderes especiais (CPC, art. 38). Ausência de manifestação do Ministério Público. A jurisprudência dos Tribunais e o magistério da doutrina, pronunciando-se sobre a ausência de manifestação do Ministério Público nos processos em que se revela obrigatória a sua intervenção, tem sempre ressaltado que, em tal situação, o que verdadeiramente constitui causa de nulidade processual não e a falta de efetiva atuação do Parquet, que eventualmente deixe de emitir parecer no processo, mas, isso sim, a falta de intimação que inviabilize a participação do Ministério Público na causa em julgamento. Hipótese inocorrente na espécie, pois ensejou-se a Procuradoria-Geral da Republica a possibilidade de opinar no processo.

No Agravo Regimental na Ação Cível Originária nº 522/SP,[76] discutiu-se a imunidade absoluta no contexto das execuções fiscais. Tratava-se de ação de execução fiscal ajuizada pela União Federal em face do Consulado Geral da Alemanha. Cobrava-se multa referente ao descumprimento da legislação aduaneira (art. 521, II, "b", do Regulamento).

A ação fora ajuizada na 4ª Vara da Justiça Federal em São Paulo. Aquele juízo declinou competência, forte na letra "e" do inciso I do art. 102 da Constituição Federal de 1988. Instada a se manifestar, quanto à renúncia de imunidade, o representante da República Federal da Alemanha manteve-se em silêncio.

O silêncio, como entende a tradição jurisprudencial brasileira, não importa em renúncia, que deve ser expressa. Trata-se do modo

---

[76] STF: "Execução fiscal movida pela Fazenda Federal contra Estado estrangeiro. Imunidade de jurisdição. A imunidade de jurisdição não sofreu alteração em face do novo quadro normativo que se delineou no plano do direito internacional e no âmbito do direito comparado (cf. AgRg 139.671, Min. Celso de Mello; e AC 9.696, Min. Sydney Sanches), quando o litígio se trava entre o Estado brasileiro e o Estado estrangeiro, notadamente em se tratando de execução. Agravo regimental improvido" (ACO nº 522-AgR/SP, Pleno. Rel. Min. Ilmar Galvão. Julg. 16.9.1998. *DJ*, 23 out. 1998).

como os tribunais brasileiros aplicam a doutrina da relatividade da imunidade de jurisdição.

A questão plasmava dois Estados estrangeiros em polos distintos: opunha Brasil e Alemanha. A União Federal (agravante) sustentou a tese que Rezek fixara na ACi nº 9.696/SP, protestando pelo reconhecimento da imunidade relativa, de modo que a execução pudesse prosperar.

No entanto, entendeu-se, o precedente invocado não se aplicava, porquanto não se tinha causa trabalhista; tratava-se de discussão entre dois Estados. A questão era totalmente diversa. Cuidava-se, concretamente, de um processo de execução. O agravo não prosperou. Negou-se seguimento do recurso protocolado pela União. Determinou-se o arquivamento dos autos.

No Agravo Regimental no Recurso Extraordinário nº 222.368/PE,[77] discutiu-se autonomia entre imunidade de jurisdição e imunidade de execução, num contexto de transição conceitual entre imunidade jurisdicional absoluta e relativa.

A questão opunha um espólio ao Consulado Geral do Japão. Entendeu-se que privilégios diplomáticos não poderiam ser invocados em processos trabalhistas para eventual justificativa de enriquecimento sem causa de Estados estrangeiros.

Na hipótese, segundo Celso de Mello, não se poderia sufragar *prática censurável de desvio ético-jurídico*. Decidiu-se que imunidade e princípio da boa-fé são princípios incompatíveis.

Entendeu-se também que o privilégio resultante de imunidade de execução não inibiria a justiça brasileira de julgar processo de conhecimento instaurado contra Estado estrangeiro.

Celso de Mello avançou na doutrina da imunidade relativa. Insistiu-se na tese de que imunidade de jurisdição e imunidade de execução qualificavam-se como categorias autônomas e independentes. Impossibilidade de execução não inibiria a instauração de processo de conhecimento contra Estado estrangeiro, conforme decidido por Celso de Mello.

No agravo, protocolado pelo Consulado Geral do Japão, defendeu-se que não há como se cindir a jurisdição em processo de conhecimento e em processo de execução. Impera o princípio da efetividade, que exige que a execução seja o desdobramento natural do juízo de conhecimento.

---

[77] STF. RE nº 222.368-AgR/PE, 2ª Turma. Rel. Min. Celso de Mello. Julg. 30.04.2002. *DJ*, 14 fev. 2003

Estados que tratam a imunidade de modo relativo o fazem por força de norma interna, específica; e esse seguramente não seria o caso do Brasil. De tal modo, sentença produzida em processo de conhecimento poderia ser inócua.

E o juiz seria incompetente para proferir sentença que não poderá executar. Para o agravante, a tese que o STF abraçava tinha como resultado um fracionamento da competência. Pode-se dizer o que é o direito, mas não se pode impô-lo. E tal dicotomia (possibilidade de se dizer o direito e impossibilidade de se aplicá-lo) suscitaria questionamento a respeito da constitucionalidade de tal posição.

É que, na prática, jurisdição sem efetividade é o mesmo que ausência de jurisdição. Nos termos do agravo, a competência jurisdicional não poderia ser repartida. Não se pode dizer que ela existe para o processo de cognição, e que ela não existe para o processo executivo.

O titular de tal decisão, segue o agravo, teria mero documento estatal, sem valor prático: um documento desprovido de eficácia coercitiva. E nada haveria de antiético. Observou-se que o Estado brasileiro não pode gerar nos cidadãos uma expectativa que não pode cumprir.

Na forma como deduzida no agravo, "a fixação de competência para julgar o litígio, na prática, revela jurisdição desprovida de eficácia". Para o agravante, mantida a decisão, ter-se-ia vitória sem efetividade. Uma vitória de Pirro, que revelaria inconstitucionalidade latente, retirando-se a essência da atuação do Estado, que consiste na efetividade de suas decisões.

Mas Celso de Mello não pensou dessa forma. A agravada fora condenada a pagar, a empregada brasileira, já à época falecida, verbas decorrentes de rescisão de contrato de trabalho.

A agravada trabalhou como lavadeira no Consulado Geral do Japão por 15 anos. Admitida em 9.11.1975, só conseguiu anotação na Carteira de Trabalho em 1º.6.1981. Enfrentou dificuldades para se aposentar. Não gozou férias de 1985 a 1990. Nunca teria recebido 13º salário. Pedia indenização, aviso prévio, o 13º salário, férias, baixa na Carteira de Trabalho.

A agravante em nenhum momento tocou no mérito da questão. O Tribunal Superior do Trabalho não reconheceu imunidade de jurisdição, lembrou Celso de Mello, por se tratar de litígio entre Estado estrangeiro e particular por aquele contratado. A jurisprudência trabalhista também estava sedimentada em favor do caráter relativo da imunidade. Entendia-se que a premissa definidora deveria de ser a natureza do ato motivador da instauração da causa em juízo.

Celso de Mello lembrava que se tinha um novo quadro normativo no direito internacional. O Ministro Celso de Mello mencionou a Nota Circular nº 560/DJ/CJ, de 14.2.1991, do Ministério das Relações Exteriores, que nos dá conta de que pessoas jurídicas de direito público externo não gozam de imunidades no domínio dos atos de gestão, como relações de trabalho estabelecidas localmente.

Reafirmou-se doutrina de que imunidade de jurisdição e de execução são categorias absolutamente autônomas. Para Celso de Mello a impossibilidade de execução na inviabilizaria o pleno exercício, pelos tribunais brasileiros, de juízos de cognição.

De tal modo, afirmou Celso de Mello, a impossibilidade prática de se executar não obsta, por si só, a instauração de processo de conhecimento, por parte da justiça brasileira.

No contexto desta decisão Francisco Rezek lembrava que o Brasil há havia sido executado lá fora. Referia-se a bens do Instituto Brasileiro do Café (IBC), do Lloyd Brasileiro. Buscaram-se bens do Estado, não afetos ao serviço diplomático ou consular, tese que será mais tarde incorporada pela jurisprudência do STF.

Sigo com o conteúdo da ementa, na íntegra:

> Imunidade de jurisdição – Reclamação trabalhista – Litígio entre Estado estrangeiro e empregado brasileiro – Evolução do tema na doutrina, na legislação comparada e na jurisprudência do Supremo Tribunal Federal: da imunidade jurisdicional absoluta à imunidade jurisdicional meramente relativa – Recurso Extraordinário não conhecido. Os Estados Estrangeiros não dispõem de imunidade de jurisdição, perante o Poder Judiciário brasileiro, nas causas de natureza trabalhista, pois essa prerrogativa de direito internacional público tem caráter meramente relativo. – O Estado estrangeiro não dispõe de imunidade de jurisdição, perante órgãos do Poder Judiciário brasileiro, quando se tratar de causa de natureza trabalhista. Doutrina. Precedentes do STF (RTJ 133/159 e RTJ 161/643-644). – Privilégios diplomáticos não podem ser invocados, em processos trabalhistas, para coonestar o enriquecimento sem causa de Estados estrangeiros, em inaceitável detrimento de trabalhadores residentes em território brasileiro, sob pena de essa prática consagrar censurável desvio ético-jurídico, incompatível com o princípio da boa-fé e inconciliável com os grandes postulados do direito internacional. O privilégio resultante da imunidade de execução não inibe a Justiça brasileira de exercer jurisdição nos processos de conhecimento instaurados contra estados estrangeiros. – A imunidade de jurisdição, de um lado, e a imunidade de execução, de outro, constituem categorias autônomas, juridicamente inconfundíveis, pois — ainda que guardem estreitas relações entre si — traduzem realidades independentes e distintas, assim reconhecidas quer no plano conceitual, quer, ainda,

no âmbito de desenvolvimento das próprias relações internacionais. A eventual impossibilidade jurídica de ulterior realização prática do título judicial condenatório, em decorrência da prerrogativa da imunidade de execução, não se revela suficiente para obstar, só por si, a instauração, perante Tribunais brasileiros, de processos de conhecimento contra Estados estrangeiros, notadamente quando se tratar de litígio de natureza trabalhista. Doutrina. Precedentes.

No Agravo Regimental na Ação Cível Originária nº 634/SP,[78] verificou-se divergência entre entendimentos do STF (que decidia pela imunidade absoluta de jurisdição) e do STJ (que decidia pela imunidade relativa).

Buscou-se a uniformização das jurisprudências. Tratava-se de execução fiscal proposta pela União Federal e em face da República Francesa. Despacho em 1ª instância negou seguimento de execução fiscal. O STJ rejeita o não processamento da execução, porquanto não se poderia "alegar imunidade absoluta de soberania para não se pagar impostos e taxas cobrados em decorrência de serviços específicos prestados por Estado estrangeiro".

A União sustentava que imunidade de jurisdição era circunstância aplicável apenas quando autores/exequentes fossem pessoas de caráter privado. Cobrava-se multa de aduana. Por fim, entendeu-se que a matéria já fora suficientemente debatida no STF. Não se deu provimento ao agravo. E a União não pode levar adiante a execução fiscal que manejava.

No Agravo Regimental na Ação Cível Originária nº 524/SP,[79] manteve-se entendimento de que a imunidade de jurisdição alcança causas de direito público (tributárias), mas não alcançaria as causas de direito privado (trabalhistas).

---

[78] STF: "Execução fiscal movida pela Fazenda Federal contra Estado estrangeiro. Imunidade de jurisdição. A imunidade de jurisdição não sofreu alteração em face do novo quadro normativo que se delineou no plano do direito internacional e no âmbito do direito comparado (cf. AgRg 139.671, Min. Celso de Mello; e AC 9.696, Min. Sydney Sanches), quando o litígio se trava entre o Estado brasileiro e Estado estrangeiro, notadamente em se tratando de execução. Orientação ratificada pela Corte. Agravo regimental improvido" (ACO nº 634-AgR/SP, Pleno. Rel. Min. Ilmar Galvão. Julg. 25.09.2002. DJ, 31 out. 2002).

[79] STF: "Constitucional. Imunidade de jurisdição: execução fiscal promovida pela União contra Estado estrangeiro. Convenções de Viena de 1961 e 1963. I - Litígio entre o Estado brasileiro e Estado estrangeiro: observância da imunidade de jurisdição, tendo em consideração as Convenções de Viena de 1961 e 1963. II - Precedentes do Supremo Tribunal Federal: ACO 522-AgR/SP e 634-AgR/SP, Ministro Ilmar Galvão, Plenário, 16.9.98 e 25.9.2002, DJ de 23.10.98 e 31.10.2002; ACO 527-AgR/SP, Ministro Nelson Jobim, Plenário, 30.9.98, DJ de 10.12.99; ACO 645/SP, Ministro Gilmar Mendes, DJ de 17.3.2003. III - Agravo não provido" (ACO nº 524-AgR/SP, Pleno. Rel. Min. Carlos Velloso. Julg. 26.03.2003. DJ, 09 maio 2003).

A agravante era a União, a agravada era o Consulado Geral da Polônia. Não se alterava jurisprudência que definia que em litígios opondo dois Estados dever-se-ia garantir a imunidade de jurisdição. Originariamente, negou-se seguimento a ação de execução fiscal que a União ajuizou contra o Consulado Geral da Polônia.

No agravo, a União insistia que não se poderia mais falar em imunidade absoluta em matéria fiscal. Não haveria norma constitucional que imunizasse tributariamente pessoa jurídica de direito público externo.

O STJ era refratário a essa imunidade absoluta, em matéria fiscal. Em execuções fiscais movidas por Municípios contra Estados estrangeiros a jurisprudência afastava a imunidade destes últimos. Lembrou-se que o §1º do art. 3º da Resolução nº 96/89, do Senado Federal, vedava a submissão do Brasil à jurisdição alheia, em litígios decorrentes de descumprimento de cláusula contratual.

A submissão de Estado estrangeiro a imposições fiscais e aduaneiras, do Estado Brasileiro, equivaleria às mesmas imposições submetidas a particulares. No caso, a Polônia havia informado que não pretendia renunciar à imunidade de jurisdição.

Em questão de direito público, diferentemente de problema de direito privado (a exemplo do direito do trabalho) deveria ser mantida a imunidade. Negou-se o seguimento da execução. Determinou-se o arquivamento dos autos de execução fiscal.

No Agravo Regimental na Ação Cível Originária nº 543/SP,[80] revelou-se interessante voto do Ministro Marco Aurélio, assinalando impossibilidade jurídica de pedido de execução contra Estado estrangeiro. Neste agravo discutiu-se exame de reciprocidade.

Analisou-se a evolução do entendimento do STF quanto aos limites da imunidade de execução. Cogitou-se da possibilidade de penhora de bens de Estado estrangeiro. Em apertada decisão (6 x 5) o Supremo Tribunal Federal demonstrou nova tendência que possibilitaria que o exequente indicasse bens passíveis de penhora, para que se pudessem impor constrições ao Estado estrangeiro.

---

[80] STF: "Imunidade de jurisdição. Execução fiscal movida pela União contra a República da Coréia. É da jurisprudência do Supremo Tribunal que, salvo renúncia, é absoluta a imunidade do Estado estrangeiro à jurisdição executória: orientação mantida por maioria de votos. Precedentes: ACO 524-AgR, Velloso, DJ 9.5.2003; ACO 522-AgR e 634-AgR, Ilmar Galvão, DJ 23.10.98 e 31.10.2002; ACO 527-AgR, Jobim, DJ 10.12.99; ACO 645, Gilmar Mendes, DJ 17.3.2003" (ACO nº 543-AgR/SP, Pleno. Rel. Min. Sepúlveda Pertence. Julg. 30.08.2006. *DJ*, 24 nov. 2006).

Na origem, execução fiscal que a União ajuizara contra a República da Coreia. Como regra, mantinha-se entendimento de que, salvo renúncia, absoluta a imunidade do Estado estrangeiro, no que tange à jurisdição executória.

Por isso, o agravo regimental da União contra decisão de 1ª instância que julgou extinta execução fiscal, sem julgamento do mérito. Referiu-se a jurisprudência do STJ — Recurso Ordinário nº 6/RJ[81] —, que reconhecia a imunidade em face de atos de império, mas não contra atos de gestão. Para a agravante (União) não se poderia subtrair soberania do Estado cobrador de tributos.

Não se poderia também obrigar que a União buscasse o Judiciário de outro país, com vistas a cobrar créditos tributários seus gerados no território brasileiro. Lembrou-se da Resolução do Senado nº 96/1989, que dispõe sobre a impossibilidade de a União submeter-se a jurisdição estrangeira em matéria de contrato.

Com mais razão, o Brasil não poderia se submeter a jurisprudência estrangeira em matéria fiscal. Além do que, o art. 88, II e III, do CPC de 1973, fixa competência de juiz brasileiro para julgar obrigação que deva ser cumprida no Brasil.

Em pedido de voto-vista, Marco Aurélio observou que precisava refletir mais sobre a matéria. A Convenção de Viena tratava de imunidades pessoais de diplomatas e cônsules, não abrangendo Estados estrangeiros.

A praticidade, no entanto, revelava a imunidade, em todos os seus contornos. Nos Estados Unidos, observava Marco Aurélio, pode-se penhorar a conta bancária, títulos e ações de embaixadas e consulados.

Veda-se, tão somente, a penhora de bens de embaixadas e de consulados. Porém, no caso brasileiro, forçoso se reconhecer a impossibilidade de se executar Estado estrangeiro. O Ministro Celso de Mello insistiu na competência do Estado brasileiro para julgar a questão. Ponderou que havia necessidade de reciprocidade, a chamada cláusula *do ut des*. Para executar a exequente (União) deve comprovar que pode penhorar em seu território bens de Estado estrangeiro.

Trata-se do requisito de expropriabilidade, isto é, da identificação de bens que tenham outra destinação, que não a guarnição de embaixadas e consulados. Celso de Mello deu provimento ao recurso e determinou que a exequente indicasse bens passíveis de penhora, comprovando que o Estado estrangeiro não detém, em relação a tais bens, imunidade tributária em território nacional.

---

[81] STJ. RO nº 6/RJ, 1ª Turma. Rel. Min. Garcia Vieira. Julg. 23.03.1999. *DJ*, 10 maio 1999.

A Ministra Ellen Gracie acompanhou a maioria. Negou provimento, mas reconheceu a importância das razões apresentadas por Celso de Mello. Carlos Britto manifestou-se, dizendo-se seduzido pelo voto de Celso de Mello. Pediu vistas, com o objetivo de analisar o problema a partir do art. 4º da Constituição Federal, que dispõe sobre a igualdade entre os Estados. Ao ler em plenário a decisão, enfatizou o conteúdo do princípio da reciprocidade.

Insistiu na responsabilidade objetiva do Estado (§6º do art. 37 da Constituição), bem como da imunidade que alcança o exercício das finalidades essenciais do Estado (§2º do art. 150 da Constituição).

Para Carlos Britto, a imunidade a impostos deve recair sobre patrimônio, renda e serviços, isto é, sobre a própria razão de ser do ente estatal. Deu provimento ao recurso e determinou que a União indicasse bens passíveis de penhora. Celso de Mello confirmou seu voto.

A Ministra Cármen Lúcia pediu esclarecimentos a Celso de Mello, com o objetivo que explicitasse quais objetivamente seriam os bens que poderiam ser penhorados. Embora sensível aos argumentos de Celso de Mello, Cármen Lúcia negou provimento ao agravo.

Ricardo Lewandowsky observou que não conseguia identificar concretamente bens de Estado estrangeiro que fossem passíveis de constrição. Ellen Gracie lembrou que às missões estrangeiras é inclusive vedado o exercício de outras atividades, que não as diplomáticas propriamente ditas. Lewandovsky perguntou quem seria o árbitro para definir a natureza dos bens das embaixadas e consulados.

Celso de Mello insistiu que ao STF incumbe definir as condições de expropriabilidade. Observando que o STF sinalizava que evoluía no assunto, indicando limitações à imunidade de execução, Lewandowsky deu continuidade à discussão.

Depois de breve pronunciamento de Joaquim Barbosa, o Ministro Cezar Peluso fez intervenção. Seguiu o voto de Celso de Mello. Votou pelo prosseguimento da execução, firme na tese de que a imunidade de jurisdição é relativa.

Deve-se verificar se há reciprocidade. E quanto à execução, deve o exequente verificar cautelosamente se há bens do Estado estrangeiro executado que possam ser penhorados.

De tal modo, seis Ministros negaram provimento ao recurso (Sepúlveda Pertence, Eros Grau, Gilmar Mendes, Marco Aurélio, Ellen Gracie e Cármen Lúcia), enquanto cinco Ministros deram provimento, determinando o prosseguimento da execução (Celso de Mello, Carlos Britto, Ricardo Lewandowsky, Joaquim Barbosa e Cezar Peluso).

Assim, os seis votos vencedores indicavam que a tese da imunidade relativa (de jurisdição e de execução) era triunfante, limitada em seus efeitos práticos pela imprestabilidade da pretensão de execução contra Estado estrangeiro. Os cinco votos vencidos indicavam uma tendência que se desenhava no STF, e que parecia afastar o conteúdo absoluto da imunidade da execução.

No Agravo Regimental na Ação Cível Originária nº 645/SP,[82] avançou-se na doutrina da imunidade relativa na execução. Tratava-se da concepção da *diplomatie marchande*, na expressão de Joaquim Barbosa.

Cuidava-se de execução fiscal que a União Federal ajuizara contra o Consulado Geral da República Francesa. Fomentando a discussão multa relativa a Imposto de Importação, capitulada nos artigos 87, I, e 521, II, do Regulamento Aduaneiro.

Fez-se consulta ao Estado estrangeiro executado, no que se refere à renúncia de imunidade. Não houve manifestação. O STJ teria começado a afastar a imunidade de execução nos feitos fiscais, especialmente nos casos de cobranças de impostos e taxas em decorrência dos serviços prestados pelo Estado acreditante.

A jurisprudência havia afastado a imunidade nos casos de execuções fiscais propostas por Municípios contra Estados estrangeiros, circunstância muito comum no Rio de Janeiro. Negativa de prosseguimento de execução fiscal federal contra Estado estrangeiro seria, na tese da Procuradoria da Fazenda Nacional, violação flagrante ao princípio da isonomia.

A exequente defendia que não podia se falar de norma tributária que beneficiasse Estado estrangeiro. As Convenções de Viena dão isenções e imunidades que não alcançam práticas de atos comerciais, que devem ser tributados. Na penhora deveria se atentar para o art. 591 do Código de Processo Civil, respeitando-se as imunidades previstas nas Convenções de Viena.

Gilmar Mendes negou provimento com base em jurisprudência sedimentada do STF. Em voto-vista, Marco Aurélio, a exemplo do que decidira no caso da Coreia, julgou pela improcedência do pedido da União Federal. Celso de Mello deu continuidade à tese que vem sustentando, que proclama que há possibilidade de execução de Estado estrangeiro.

---

[82] STF: "Ação Cível Originária. 2. Execução Fiscal contra Estado estrangeiro. Imunidade de jurisdição. Precedentes. 3. Agravo regimental a que se nega provimento" (ACO nº 645-AgR/SP, Pleno. Rel. Min. Gilmar Mendes. Julg. 11.04.2007. *DJe*, 17 ago. 2007).

No Agravo Regimental na Ação Cível Originária nº 633/SP,[83] discutiu-se questão relativa à identificação de bens passíveis de penhora, em execução fiscal promovida contra Estado estrangeiro.

Numa execução fiscal proposta pela União contra o Consulado Geral da Coreia, decisão de 1ª instância negou o processamento do feito. O juiz *a quo* declinou competência para apreciar o feito e remeteu os autos para o STF, firme no art. 102, I, "e", da Constituição Federal.

A Ministra Ellen enviou consulta à executada, referente à renúncia de imunidade. Em plenário, Lewandowsky observou que presentemente as legações diplomáticas contam com departamentos comerciais e desenvolvem inúmeras atividades cuja natureza não é especificamente diplomática.

Joaquim Barbosa fez intervenção denominando a referida atividade comercial por missão de *diplomatie marchande*. A Ministra Ellen afirmou que receava que o Brasil fosse matizado como hostil às legações estrangeiras. A solução, assim, como se pretendia encaminhar, suscitaria batalha judicial.

Deveria se definir, circunstancialmente, se bens que se pretendia penhorar seriam (ou não) afetados à atividade diplomática. Lewandovsky concordou com imunidade total e absoluta se houvesse reciprocidade. E no caso concreto tal imunidade não existia.

O Ministro Gilmar lembrou que Francisco Rezek já alertava que faltava, nessa matéria, mais energia por parte da diplomacia brasileira. Tinha-se um quadro que se aproximava do abuso. Por outro lado, segundo o Ministro Gilmar, autorizar-se que a magistratura processasse execução fiscal contra Estado estrangeiro, seria permitir que se fizesse, frequentemente, eleições de bens.

Joaquim Barbosa insistia que há critério objetivo, isto é, deve-se definir, concretamente, qual bem seria (ou não) afetado pela missão. Ellen Gracie advertiu que as discussões chegariam, sempre, no STF. Ricardo Lewandowsky também advertiu que o Estado estrangeiro executado se defenderia, e insistiria que qualquer bem que se quisesse penhorar estaria afeto à atividade diplomática.

---

[83] STF: "Constitucional. Imunidade de jurisdição. Execução fiscal promovida pela União contra Estado estrangeiro. Convenções de Viena de 1961 e 1963. 1. Litígio entre o Estado brasileiro e Estado estrangeiro: observância da imunidade de jurisdição, tendo em consideração as Convenções de Viena de 1961 e 1963. 2. Precedentes do Supremo Tribunal Federal: ACO 522-AgR/SP e ACO 634-AgR/SP, rel. Min. Ilmar Galvão, Plenário, 16.9.98 e 25.9.2002, DJ de 23.10.98 e 31.10.2002; ACO 527-AgR/SP, rel. Min. Nelson Jobim, Plenário, 30.9.98, DJ de 10.12.99; ACO 524 AgR/SP, rel. Min. Carlos Velloso, Plenário, DJ de 09.05.2003. 3. Agravo não provido" (ACO nº 633-AgR/SP, Pleno. Rel. Min. Ellen Gracie. Julg. 11.04.2007. *DJe*, 22 jun. 2007).

Em quantos anos? Indagou a Ministra Ellen Gracie, que também observou que recebera visita de representante diplomático de um Estado europeu que revê propriedade penhorada na Justiça do Trabalho, e que a propriedade sob constrição seria leiloada.

Depois de ligeiras intervenções de Sepúlveda Pertence e de Gilmar Mendes, Lewandowsky observou que nos Estados Unidos não há contemplação para com devedores, não importa quem sejam. Carlos Britto admitiu que, no caso discutido, a falta de reciprocidade nos prejudicava.

Há também uma ação civil de reparação patrimonial que corre no STF, ajuizada pelo Distrito Federal contra a República de Camarões.[84] Membro do corpo diplomático do Camarões dirigia veículo da embaixada em alta velocidade e bateu em poste de luz, causando grandes danos patrimoniais, cobrados judicialmente pelo GDF.

A competência para julgar a matéria é do STF (art. 102, I, "e", da Constituição). O Min. Celso de Mello proferiu voto, decidindo pela possibilidade do processamento do feito, bem de ulterior execução, se necessário fosse.

Em nota encaminhada ao Ministério das Relações Exteriores a República de Camarões reconheceu que o caso envolvia questão eminentemente privada. Até o presente a causa não foi definitivamente decidida.

---

[84] STF. ACO nº 575/DF, Decisão Monocrática. Rel. Min. Celso de Mello. Julg. 18.09.2000.

CAPÍTULO 7

AS IMUNIDADES NO SUPERIOR TRIBUNAL DE JUSTIÇA

No Recurso Ordinário nº 2/RJ,[85] fixou-se a teoria da imunidade relativa na execução, em âmbito de Superior Tribunal de Justiça.

O Município do Rio de Janeiro cobrava Imposto Predial e Territorial Urbano (IPTU) e Taxas de Limpeza Pública (TLP), supostamente devidos pela República Argentina. Citou-se via carta rogatória, por força de determinação do Juiz de 1ª Instância que insistia que a ação deveria ser proposta na jurisdição do país executado, por força da imunidade de jurisdição.

As cobranças vinculavam-se a alguns imóveis que a Argentina possuía na Praia de Botafogo, no Rio de Janeiro. Originariamente, o processo fora extinto pelo juiz originário, com base no inciso IV do art. 267 do Código de Processo Civil. Na percepção do magistrado de 1ª instância, a cobrança do tributo deveria ser feita na Argentina, por via e meios diplomáticos.

---

[85] STJ: "Processual Civil. Execução contra país estrangeiro. 1. Deferida a execução para cobrança de IPTU e taxas de conservação e limpeza contra país estrangeiro, no caso a Argentina, determinando-se a sua citação via carta rogatória, não pode o juiz do mesmo grau que sucedeu o autor do mencionado despacho no processo, revogá-lo sob argumentos de que a ação há de ser proposta na sede da capital do país executado, em face da imunidade da jurisprudência. 2. A decisão que determina a citação em ação proposta em juízo compreende o reconhecimento de que estão presentes os pressupostos para a sua validade, eficácia e efetividade: legitimidade, interesse e possibilidade jurídica do pedido. A modificação do referido despacho só pode ocorrer pela instância superior ou pelo juiz de primeiro grau, após firmada a relação jurídica processual, com a citação da parte promovida, se esta provocar. 3. Recurso Ordinário provido" (RO nº 2/RJ, 1ª Turma. Rel. Min. José Delgado. Julg. 18.11.1996. DJ, 16 dez. 1996).

Inconformados com a decisão, os procuradores do Município do Rio de Janeiro interpuseram recurso ordinário que seguiu para o STJ. A imunidade de jurisdição alcançaria, no entender dos recorrentes, apenas atos de império. E não alcançava o dever de recolher tributos. A citação foi ordenada em 21.3.1995.

A carta rogatória seguiria via Ministério da Justiça. Despachando no processo um juiz federal revogou as decisões anteriores e determinou que a Argentina fosse citada no Brasil. Determinou também que se fizesse penhora e avaliação de bens passíveis de constrição. O recurso ordinário não teria subido.

O Cônsul-Geral da Argentina, que atuava no Rio de Janeiro, não quis receber citação. Alegou que apenas o embaixador teria poderes para representar judicialmente a Argentina no Brasil. Sem qualquer provocação das partes o juiz que oficiava no feito extinguiu então o processo com base na teoria das imunidades, na *comitas gentium* e na impossibilidade jurídica do pedido.

Paralelamente, discutia-se sobre a capacidade do juiz federal que havia revogado a primeira decisão. É que, em princípio, somente em grau superior é que a primeira decisão poderia ser revista, especialmente quanto às condições da ação.

Ao apreciar o Recurso Ordinário, o STJ entendeu que a imunidade de jurisdição dependia de avaliação decorrente da citação da executada, por rogatória, para que se manifestasse, sobre a renúncia da prerrogativa.

No Recurso Ordinário nº 6,[86] discorreu-se sobre as diferenças entre atos de império e atos de gestão. Verifica-se nesse julgado uma evolução de compreensão jurisprudencial, que se afasta da doutrina clássica da imunidade absoluta, e que se aproxima da dogmática contemporânea da imunidade relativa.

---

[86] STJ: "Direito Internacional Público – Imunidade de jurisdição do Estado estrangeiro – Evolução da imunidade absoluta para a imunidade relativa – Atos de gestão – Aquisição e utilização de imóvel – Impostos e taxas cobradas em decorrência de serviços prestados pelo Estado acreditante. – Agindo o agente diplomático como órgão representante do Estado Estrangeiro, a responsabilidade é deste e não do diplomata. A imunidade absoluta de jurisdição do Estado Estrangeiro só foi admitida até o século passado. Modernamente se tem reconhecido a imunidade ao Estado Estrangeiro nos atos de império, submetendo-se à jurisdição estrangeira quando pratica atos de gestão. O Estado pratica ato *jure gestiones* quando adquire bens imóveis ou móveis. O Egrégio Supremo Tribunal Federal, mudando de entendimento, passou a sustentar a imunidade relativa. Também o Colendo Superior Tribunal de Justiça afasta a imunidade absoluta, adotando a imunidade relativa do Estado Estrangeiro. Não se pode alegar imunidade absoluta de soberania para não pagar impostos e taxas cobrados em decorrência de serviços específicos prestados ao Estado Estrangeiro. Recurso provido" (RO nº 6/RJ, 1ª Turma. Rel. Min. Garcia Vieira. Julg. 23.03.1999. *DJ*, 10 maio 1999).

Entendeu-se que a aquisição e utilização de imóvel, por parte de Estado estrangeiro, qualificaria ato de gestão. Além disso, possível o lançamento e a cobrança de impostos e taxas referentes a serviços prestados pelo Estado acreditante.

Assim, entendeu-se que não se pode alegar imunidade absoluta de soberania para se obstaculizar cobrança de tributos, nas condições especificadas na Convenção de Viena, isto é, impostos e taxas que decorrem de serviços prestados pelo exequente.

O recurso ordinário fora interposto contra decisão de 1ª instância que determinara a extinção da execução fiscal com base na impossibilidade jurídica do pedido. Valia-se da doutrina da imunidade absoluta, que prevê a intangibilidade do Estado perante a jurisdição estrangeira. Na outra ponta, a doutrina da imunidade relativa, que distingue os atos do Estado em atos de império e atos de gestão.

A intangibilidade alcança somente aos atos de império. À época a doutrina da imunidade absoluta imperava no STF. A doutrina da imunidade relativa era preponderante no STJ. No caso, a Prefeitura do Rio de Janeiro cobrava judicialmente IPTU, TLP e Taxas de Iluminação Pública (TIP), supostamente devidos pela representação do Japão. Discutiu-se que a imunidade de jurisdição de Estado estrangeiro não se confunde com imunidade diplomática. A imunidade absoluta seria doutrina ultrapassada.

No entender do relator, poderia ter tido grande valia nos tempos do feudalismo, das cruzadas, da guerra dos 100 anos. O comércio então era doméstico, local, as sociedades eram fechadas. O Estado contemporâneo atua num contexto totalmente diferente. Subsome-se a direitos e obrigações, que deve objetivamente cumprir.

Lê-se no voto que, em 1891, o Instituto de Direito Internacional se firmara no entendimento de que a imunidade absoluta não se aplicava a vários casos. Exemplificava-se com ações relativas a estabelecimentos comerciais, industriais ou a estradas de ferro exploradas por Estado estrangeiro.

O relator diferenciava, nesse contexto, os atos de gestão (*ius gestionis*) dos atos de impérios (*ius imperii*). Atos de gestão se exemplificam com aquisições de bens móveis ou imóveis, com empreendimentos comerciais, com o recebimento de bem por via da sucessão, com a administração de uma empresa no estrangeiro.

Atos de império se exemplificam com recusa de permanência de estrangeiro no próprio território, entre outros. Formulou-se que o Estado estrangeiro não goza de imunidade de jurisdição exceto quanto alguns atos de poder público. O juiz nacional deve cumprir a lei brasileira (art. 125, II, da Constituição Federal).

Ao juiz federal compete, no Brasil, julgar em 1ª instância causas entre Estado estrangeiro ou organismo internacional e Município ou pessoa residente ou domiciliada no Brasil. O art. 88, III, do CPC dispõe que a autoridade judicial brasileira é competente para julgar ação que se origina de fato ocorrido no Brasil. Deu-se provimento ao recurso, afastou-se a imunidade absoluta de jurisdição, reformou-se a decisão originária, determinando-se o processamento regular do feito.

No Recurso Ordinário nº 7/RJ,[87] reafirmou-se a teoria da imunidade relativa. O Município do Rio de Janeiro executava a República Argentina, mais uma vez, pelo não recolhimento de IPTU e de TLP.

Defendia-se que não há imunidade de Estado estrangeiro no que se refere a cobrança de crédito tributário. Originalmente decidiu-se pela impossibilidade jurídica do pedido e pela competência originária do STJ para julgar a questão. A discussão dizia respeito, tão somente, à imunidade jurisdicional de Estado estrangeiro para responder perante a justiça brasileira a ação de execução fiscal. Conheceu-se do recurso e deu-se provimento, determinando-se a continuidade da execução.

No Agravo de Instrumento nº 230.684/DF,[88] definiu-se que bem de Estado estrangeiro é impenhorável. A agravante era a representação dos Estados Unidos.

Execução contra Estado estrangeiro, inadmissibilidade de penhora, necessidade de carta rogatória para andamento de execução foram os temas centrais da discussão. Um ex-funcionário da embaixada dos Estados Unidos no Brasil ajuizara ação para discutir reclassificação das funções e perdas salariais. Repeliu-se a imunidade de jurisdição.

Os Estados Unidos foram condenados a pagar ao reclamante valores referentes à reclassificação pleiteada. No início, os Estados

---

[87] STJ: "Executivo fiscal. IPTU e taxas públicas. Estado estrangeiro. Imunidade jurisdicional. Inexistência. Precedentes do STF e STJ. 1. A liberação da imunidade jurisdicional de Estado estrangeiro não se restringe a questões trabalhistas, estendendo-se a atos que não impliquem no exercício da sua soberania, tal como o débito tributário, que pode ser contraído por qualquer pessoa. 2. Recurso especial conhecido e provido para afastar a extinção do processo, determinando o prosseguimento da execução" (RO nº 7/RJ, 2ª Turma. Rel. Min. Francisco Peçanha Martins. Julg. 1º.06.1999. DJ, 06 dez. 1999).

[88] STJ: "Reclamação trabalhista. Execução movida contra Estado estrangeiro. Penhora. Inadmissibilidade. Imunidade de execução. Expedição de carta rogatória para a cobrança do crédito. – Os bens do Estado estrangeiro são impenhoráveis em conformidade com o disposto no art. 22, inciso 3, da 'Convenção de Viena sobre Relações Diplomáticas (Decreto nº 56.435, de 8.6.1965)'. Agravo provido parcialmente para determinar-se a expedição de carta rogatória com vistas à cobrança do crédito" (Ag nº 230.684/DF, 4ª Turma. Rel. Min. Barros Monteiro. Julg. 25.11.2002. DJ, 10 mar. 2003).

Unidos foram citados para o pagamento, em 24 horas, de R$674 mil, valores da época. Alternativamente, poderiam nomear bens à penhora. Por meio de ofício enviado ao Ministério das Relações Exteriores os Estados Unidos invocaram imunidade. Insistiam que a embaixada não tinha capacidade jurídica e que, portanto, não poderia ser parte no feito.

Os Estados Unidos alegavam também que os bens que possuíam no Brasil eram impenhoráveis. Nesse sentido, Estados estrangeiros deveriam ser tratados como se a própria União fossem. Por fim, insistiam na ineficácia da citação de Estado estrangeiro.

Por outro lado, o art. 575, II, do CPC, dispõe que a execução fundada em título judicial deve ser processada junto ao juiz que decidiu originalmente a causa. Mas os Estados Unidos argumentavam que a missão diplomática era inviolável e que não havia como se penhorarem bens que guarneciam as legações.

No entanto, a natureza pública da obrigação cobrada — tributos — poderia, em tese, justificar o abandono da tese da imunidade. O relator acentuou em seu voto que a matéria era de competência da Justiça Federal, com base no §10 do art. 27 do Ato das Disposições Constitucionais Transitórias, combinado com as disposições aplicáveis do CPC. Atentou para certo problema na formalização do agravo, no que se referia à cópia da petição inicial e da sentença. Preocupou-se com eventual nulidade do processo executório.

O comparecimento da agravante nos autos, regularmente representado, entendia o relator, supria eventual problema de citação. O relator reconhecia a dificuldade e mesmo a impossibilidade de penhora dos bens Estado estrangeiro, naquelas condições. A imunidade de execução seria prerrogativa muito mais abrangente do que a imunidade de jurisdição.

Reconhecendo-se a imunidade de execução não haveria como se penhorar tais bens. O uso da carta rogatória seria a única alternativa factível. Caso contrário, afirmou o relator, a sentença condenatória não passaria de *um parecer cultural*.

O problema todo estava na intangibilidade dos bens do Estado estrangeiro. Há necessidade do uso dos meios e argumentos diplomáticos, mediante solicitação ao Ministério das Relações Exteriores. Obstaculizada qualquer forma de penhora, arresto ou bloqueio. Deu-se provimento para que se expedisse carta rogatória aos Estados Unidos, como único meio para cobrança do crédito reclamado.

No Recurso Ordinário nº 19/BA,[89] tocou-se no problema complexo da imunidade de jurisdição brasileira em relação a evento ocorrido fora do território nacional.

Tratava-se de ação indenizatória proposta por brasileira contra Estado estrangeiro. Insurgia-se a autora com o fato de que não pudera desembarcar na Espanha, contra quem ajuizou a ação de indenização. O relator observou que a hipótese não era alcançada pelas disposições do art. 88, I e II, do CPC, relativas à capacidade de juiz brasileiro para julgar causas calcadas em fatos ocorridos no estrangeiro.

A autora pretendia indenização por danos morais. Foi retida no aeroporto de Barcelona e em seguida forçada a retornar para o Brasil, sem qualquer explicação, conforme se lê ao longo da decisão do STJ. O Reino da Espanha arguia a imunidade. Os fatos não teriam ocorrido em área de jurisdição brasileira.

O fato de a requerente ser domiciliada no Brasil não era suficiente para atrair e fixar a jurisdição brasileira. Definindo-se jurisdição como alcance da soberania, nada obstante a prevalência de direitos humanos e de convênio de cooperação jurídica negou-se provimento ao recurso, dado que a não admissão da brasileira em território espanhol decorria de ato de império, o que imunizava a recorrida.

No Recurso Ordinário nº 36/RJ,[90] discutiu-se a propósito do alcance da imunidade, em matérias de direito público e de direito privado. Tratava-se de uma execução fiscal proposta pelo Município do Rio de Janeiro em face da Federação Russa.

Cobrava-se IPTU, taxas de lixo, de limpeza e de iluminação públicas. A Federação Russa invocava a absoluta impenhorabilidade do imóvel, nulidade da citação, bem como, e principalmente, imunidade

---

[89] STJ: "Processual Civil e Direito Internacional. Imunidade de jurisdição. Ação indenizatória contra estado estrangeiro. É incompetente a Justiça brasileira para processar e julgar ação indenizatória de fato ocorrido fora de seu território, salvo as hipóteses contidas no art. 88, I e II, do Código de Processo Civil, ante a limitação da soberania. Recurso conhecido, mas improvido" (RO nº 19/BA, 4ª Turma. Rel. Min. Cesar Asfor Rocha. Julg. 21.08.2003. DJ, 13 out. 2003).

[90] STJ: "Tributário. Recurso Ordinário. Execução fiscal. Estado estrangeiro. IPTU e taxas. 1. É de ser reconhecida a imunidade fiscal inscrita na Convenção de Viena quando se tratar de execução fiscal. O STF, pela palavra do Min. Sepúlveda Pertence preconiza que 'em se tratando de execução, e execução fiscal, o caso é de impossibilidade jurídica e portanto, independe de prévia audiência do Estado estrangeiro para submeter-se, ou não, a jurisdição brasileira' (AGRACO 527-9-SP, DJ, 30.09.98). 2. Tal regra admite temperamentos quando da cobrança de serviços específicos. No presente caso, as exações reclamadas não apresentam essa característica. 3. Impossível admitir-se a execução que envolve tributos declarados inconstitucionais pelo Pretório Excelso. 4. Recurso ordinário improvido" (RO nº 36/RJ, 2ª Turma. Rel. Min. Castro Meira. Julg. 17.06.2004. DJ, 16 ago. 2004).

conferida pela Convenção de Viena. Em 1ª instância decidiu-se pela extinção do feito, firme na concepção de imunidade de jurisdição.

No recurso ordinário, insistiu-se que a imunidade alcançaria apenas atos de império, e não atos de gestão. Reconhecia-se também que o STJ não admitia a aplicação da tese da imunidade, em âmbito de execução fiscal. Imunidade de jurisdição apresentava-se como uma questão processual. Imunidade de execução como questão de fundo material.

Discutia-se também a natureza diferenças entre impostos e taxas, no sentido de que taxas talvez não devessem ser recolhidas, porquanto não apresentavam a especificidade reclamada pela Convenção de Viena.

E ainda, as taxas de iluminação pública foram declaradas inconstitucionais pelo STF. Negou-se provimento ao agravo, no sentido de que a execução fiscal não prosperaria, em decorrência da imunidade que protegeria a Federação Russa.

No Recurso Ordinário nº 35/RJ,[91] debateu-se se aquisição de imóvel, para sediar missão, seria ato de império, o que justificaria a não sujeição do Estado estrangeiro ao recolhimento de tributos. O Município do Rio de Janeiro era o recorrente e a Itália a recorrida.

Aplicou-se a Convenção de Viena no que se refere à imunidade, quanto a seus efeitos fiscais. Aplicava-se também o Código de Bustamante. Ainda em 1ª instância decidiu-se pela extinção da execução, sem julgamento do mérito. Insistia-se na tese da imunidade de jurisdição, o que obstaculizava a apreciação da questão.

Os italianos invocavam que a aquisição de imóvel para sediar missão seria ato de império, e não de gestão, pelo que não sujeito ao recolhimento de tributos. A imunidade não alcançaria questões estritamente privadas, a exemplo de contratos de trabalho e de problemas de responsabilidade civil. Reconheceu-se jurisprudência do STF, isto é, relativa a imunidade relativa em execução fiscal.

No Agravo Regimental no Recurso Ordinário nº 29/RJ,[92] continuou-se na tese da impenhorabilidade de bem de missão. Invocou-se

---

[91] STJ: "Tributário. Execução fiscal promovida contra Estado estrangeiro. Imunidade de jurisdição. 1. As questões de direito público referentes à cobrança de débitos tributários estão abrangidas pela regra de imunidade de jurisdição de que goza o Estado Estrangeiro. Aplica-se, na hipótese vertente, as Convenções de Viena, de 1961 e 1963. Precedentes do Supremo Tribunal Federal. 2. Recurso a que se nega provimento" (RO nº 35/RJ, 1ª Turma. Rel. Min. Teori Albino Zavascki. Julg. 5.08.2004. DJ, 23 ago. 2004).

[92] STJ: "Tributário. Execução fiscal contra Estado estrangeiro. Missão consular. Imunidade fiscal. Taxas de Iluminação Pública (TIP) e de Coleta de Lixo e Limpeza Pública (TCLLP). Ilegalidade. I - 'As questões de direito público referentes à cobrança de débitos tributários

que as convenções de Viena assegurariam a impenhorabilidade de bens utilizados em repartição consular.

Eventual penhora poderia qualificar desapropriação, por parte do exequente, no caso, o Rio de Janeiro, em desfavor da executada, a Áustria. Entendeu-se, no entanto, que só se poderia falar em desapropriação para fins de defesa nacional ou de utilidade pública. Não se deu provimento ao agravo.

No Recurso Ordinário nº 41/RJ,[93] reconheceu-se precipitação no indeferimento de inicial de execução fiscal proposta contra Estado estrangeiro.

Lembrou-se que há várias exceções à imunidade de jurisdição. Reconheceu-se que havia divergência dentro do STJ no que se referia à extensão e aos limites dessas exceções. Porém, antes que se indeferisse a inicial, deveria a entidade internacional ser citada, ainda que para não abrir mão da imunidade.

Tratava-se de execução proposta pela Prefeitura do Rio de Janeiro contra a República Italiana. Verificou-se que o prédio sobre o qual os tributos incidiam não era sede de atividade de função diplomática. Houve precipitação no indeferimento da inicial.

No Recurso Ordinário nº 39/MG,[94] julgou-se interessante caso que envolveu imunidade de jurisdição em face de cobrança judicial de promessa de recompensa.

A doutrina de imunidade estatal à jurisdição estrangeira foi problematizada em decorrência da dificuldade que há em se diferenciar atos de império e atos de gestão. O autor, dizendo-se dotado de

---

estão abrangidas pela regra de imunidade de jurisdição de que goza o Estado Estrangeiro. Aplica-se, na hipótese vertente, as Convenções de Viena, de 1961 e 1963. Precedentes do Supremo Tribunal Federal' (RO nº 35/RJ, Rel. Min. Teori Albino Zavascki, DJ de 23.8.2004, p. 119). II - A Taxa de Coleta de Lixo e Limpeza Pública (TCLLP) e a Taxa de Iluminação Pública (TIP) foram declaradas inconstitucionais pelo Supremo Tribunal Federal. Precedentes: AI nº 487.088/RJ, Rel. Min. Carlos Velloso, DJ de 18.6.2004; RE nº 233.332-6/RJ, Rel. Min. Ilmar Galvão, DJ de 10.03.1999; e RE nº 256.588-1/RJ, Rel. Min. Ellen Gracie, DJ de 16.04.2004. III - Agravo regimental improvido" (AgRg no RO nº 29/RJ, 1ª Turma. Rel. Min. Francisco Falcão. Julg. 7.10.2004. DJ, 22 nov. 2004).

[93] STJ: "Direito Internacional Público – Execução fiscal – Estado estrangeiro – Imunidade de jurisdição – Indeferimento da inicial – Descabimento. 1. A imunidade de jurisdição dos Estados estrangeiros comporta exceções, havendo, outrossim, divergência jurisprudencial nessa Corte a respeito dos seus limites, denotando-se precipitada a sentença que indefere a petição inicial da execução fiscal, antes da citação da entidade internacional. 2. Recurso ordinário provido em parte" (RO nº 41/RJ, 2ª Turma. Rel. Min. Eliana Calmon. Julg. 03.02.2005. DJ, 28 fev. 2005).

[94] STJ. RO nº 39/MG, 4ª Turma. Rel. Min. Jorge Scartezzini. Julg. 06.10.2005. DJ, 06 mar. 2006.

paranormalidade, pretendia receber 25 milhões de dólares do governo norte-americano.

Tratava-se de promessa de recompensa supostamente feita pelas autoridades norte-americanas que premiaria quem indicasse onde se encontrava escondido Saddam Hussein. O autor teria enviado cartas a várias autoridades e, segundo afirmou, apontava corretamente onde estaria o líder iraquiano.

Determinou-se que o representante dos Estados Unidos no Brasil fosse notificado para que exercesse o direito de manter (ou não) a imunidade estatal. À luz do direito interno não se confirmava circunstância que fixava competência de julgamento para o Judiciário brasileiro, nos termos dos artigos 88 e 89 do CPC.

Evidenciou-se também que não temos lei própria para indicação dos limites à imunidade de jurisdição. Negou-se o seguimento do recurso. Entendeu-se que a imunidade jurisdicional deve ser auferida de forma casuística, não se admitindo qualquer forma de generalização.

Segue a ementa produzida no referido julgado, extensa, porém de necessária reprodução, no corpo do texto:

> Processo Civil e Internacional – Recurso Ordinário – Competência do STJ – Estado estrangeiro – Promessa de recompensa – Cidadão brasileiro – Paranormalidade – Ação ordinária visando ao recebimento da gratificação – Competência concorrente da Justiça brasileira – Imunidades de jurisdição e execução – Possibilidade de renúncia – Citação/notificação do Estado réu – Necessidade – Extinção do processo sem julgamento do mérito – Afastamento – Recurso provido. 1 - Competência ordinária deste Colegiado para o julgamento da presente via recursal, porquanto integrada por "Estado estrangeiro (...), de um lado, e, do outro, (...) pessoa residente ou domiciliada no País" (art. 105, II, "c", da CF/88). 2 - Recurso Ordinário interposto contra r. sentença que, concluindo pela incompetência da Justiça pátria, extinguiu, sem exame de mérito, Ação Ordinária proposta por cidadão brasileiro contra Estados Unidos da América – EUA, sob alegação de constituir-se em credor da promessa de recompensa publicamente efetivada pelo Estado recorrido, equivalente a US$25.000.000,00 (vinte e cinco milhões de dólares norte-americanos), porquanto, possuindo o dom da premonição, teria indicado o esconderijo do ex-ditador iraquiano Saddam Hussein, capturado aos 14.12.2003. 3 - Conquanto o local de constituição/cumprimento da obrigação unilateral decorrente da promessa de recompensa não sirva à determinação da competência judiciária nacional (art. 88, II, do CPC), o local em que supostamente praticado o fato do qual deriva a presente ação (ou seja, em que remetidas as cartas indicativas do paradeiro do ex-ditador), é dizer, o território brasileiro, mediante a qual se busca justamente provar o adimplemento das condições impostas pelo Estado ofertante,

a fim de que lá se possa buscar a recompensa prometida, configura a competência das autoridades judiciárias pátrias (art. 88, III, do CPC), não obstante, como assinalado, em concorrência à competência das autoridades jurisdicionais norte-americanas. 4 - Contudo, em hipóteses como a vertente, a jurisdição nacional não pode ser reconhecida com fulcro, exclusivamente, em regras interiores ao ordenamento jurídico pátrio; ao revés, a atividade jurisdicional também encontra limitação externa, advinda de normas de Direito Internacional, consubstanciado aludido limite, basicamente, na designada "teoria da imunidade de jurisdição soberana" ou "doutrina da imunidade estatal à jurisdição estrangeira". 5 - *In casu*, seja com fulcro na distinção entre atos de império e gestão, seja com lastro na comparação das praxes enumeradas em leis internas de diversas Nações como excludentes do privilégio da imunidade, inviável considerar-se o litígio, disponente sobre o recebimento, por cidadão brasileiro, de recompensa prometida por Estado estrangeiro (EUA) enquanto participante de conflito bélico, como afeto à jurisdição nacional. Em outros termos, na hipótese, tal manifestação unilateral de vontade não evidenciou caráter meramente comercial ou expressou relação rotineira entre o Estado promitente e os cidadãos brasileiros, consubstanciando, ao revés, expressão de soberania estatal, revestindo-se de oficialidade, sendo motivada, de forma atípica, pela deflagração de guerra entre o Estado ofertante (EUA) e Nação diversa (Iraque), e conseqüente persecução, por aquele, de desfecho vitorioso; por outro lado, não se inclui a promessa de recompensa, despida de índole negocial, entre as exceções habitualmente aceitas pelos costumes internacionais à regra da imunidade de jurisdição, quais sejam, ações imobiliárias e sucessórias, lides comerciais e marítimas, trabalhistas ou concernentes à responsabilidade civil extracontratual, pelo que de rigor a incidência da imunidade à jurisdição brasileira. 6 - Ademais, releva consignar a previsão, em princípio, no tocante ao Estado estrangeiro, do privilégio da imunidade à execução forçada de bens de sua propriedade, eventualmente localizados em território pátrio, não obstante traduzindo-se tal argumento em mera corroboração à imunidade de jurisdição já reconhecida, porquanto "o privilégio resultante da imunidade de execução não inibe a justiça brasileira de exercer jurisdição nos processos de conhecimento instaurados contra Estados estrangeiros" (STF, AgRg RE nº 222.368-4/PE, Rel. Min. Celso de Mello, DJU 14.2.2003). 7 - Mesmo vislumbrando-se, em tese, a incidência ao réu, Estado estrangeiro, das imunidades de jurisdição e execução a obstacularizar o exercício da atividade jurisdicional pelo Estado brasileiro, cumpre não olvidar a prerrogativa soberana dos Estados de renúncia a mencionados privilégios. 8 - Recurso Ordinário conhecido e provido para, reconhecendo-se a competência concorrente da autoridade judiciária brasileira, nos termos do art. 88, III, do CPC e, simultaneamente, as imunidades de jurisdição e execução ao Estado estrangeiro, determinar o prosseguimento do feito, com a notificação ou citação do Estado demandado, a fim de que exerça o direito à imunidade jurisdicional ou submeta-se voluntariamente à jurisdição pátria.

No Recurso Ordinário nº 45/RJ,[95] apreciou-se o uso de exceção de pré-executividade para a garantia da imunidade de jurisdição, ementando-se da forma seguinte:

> Tributário. Recurso Ordinário. Execução fiscal. Estado estrangeiro. IPTU e taxas. Honorários advocatícios. Fazenda Pública. Condenação. 1. Afasta-se a imunidade jurisdicional do Estado estrangeiro quando a questão subjacente é de natureza civil, comercial ou trabalhista, ou, de qualquer forma se enquadre no âmbito do direito privado. Tratando-se de questão tributária ou de direito público, sujeita-se a imunidade aos acordos internacionais firmados pelos Estados soberanos. 2. Os artigos 23 e 32 da Convenção de Viena imunizam o Estado estrangeiro e o Chefe da Missão "de todos os impostos e taxas, nacionais, regionais ou municipais, sobre os locais da Missão de que sejam proprietários ou inquilinos, excetuados os que representem o pagamento de serviços específicos que lhes sejam prestados". 3. É indevida a cobrança do IPTU, já que abarcado pela regra de imunidade prevista na Convenção. No que se refere às taxas de limpeza pública e iluminação, a cobrança seria, em princípio, possível, já que enquadrada na exceção consagrada nas normas em destaque. Entretanto, o Supremo Tribunal Federal, em inúmeras oportunidades, declarou inconstitucionais as referidas taxas em razão da ausência de especificidade. 4. São devidos honorários advocatícios pela Fazenda Pública quando acolhida exceção de pré-executividade e extinta a execução fiscal por ela manejada. Precedentes. 5. Recurso ordinário improvido.

Na origem, execução fiscal proposta pelo Município do Rio de Janeiro contra a Federação Russa. Invocou-se que em direito tributário deve se reconhecer a imunidade de jurisdição; cobrança de IPTU em face de governo estrangeiro não teria como prosperar. Além do que, discutiu-se incidência de honorários em desfavor da Fazenda Pública quando se acolhe exceção de pré-executividade.

Do ponto de vista da exação cobrada propriamente dita, taxa de iluminação pública, entendeu-se que não havia qualificação precisa de serviço específico e divisível justificativa de eventual pretensão de cobrança por parte do fisco do Rio de Janeiro.

---

[95] STJ. RO nº 45/RJ, 2ª Turma. Rel. Min. Castro Meira. Julg. 17.11.2005. *DJ*, 28 nov. 2005.

A mesma matéria foi deduzida no Recurso Ordinário nº 46/RJ.[96] Também numa execução proposta pelo Município do Rio de Janeiro a Federação Russa impugnou a pretensão em exceção de pré-executividade. Obteve, também, condenação da exequente em honorários.

No Recurso Especial nº 436.711/RS,[97] definiu-se que indenização paga pelo Estado é ato de império. Deste modo, a imunidade de jurisdição proíbe que se discutisse judicialmente o reajuste de pagamentos de Estado estrangeiro, a título de indenização.

A ação fora proposta contra a Alemanha. O autor recebia indenização paga pela Alemanha, a propósito de violências que sofrera durante o regime nazista. Lembrava que havia perdido o lar, a família, seus bens.

Tratava-se de uma ação revisional de alimentos. O interessado pretendia que o governo alemão aumentasse os 400 dólares que lhe pagava mensalmente. Argumentava que tal quantia era a mesma há anos, e que era insuficiente para que ele atendesse suas necessidades básicas. Enviou-se carta rogatória à Alemanha, que foi restituída sem cumprimento.

No Brasil, em 1º grau, decidiu-se pela imunidade da ré, extinguindo-se o processo sem julgamento do mérito. Na apelação insistiu-se pela competência da justiça brasileira, sob o fundamento de que o juízo competente para este tipo de ação é justamente aquele do local no qual deva ser cumprida a obrigação. De fato, no direito brasileiro, na revisão de alimentos o foro competente é o do domicílio do alimentante. Reconhecida a imunidade, o processo foi extinto.

---

[96] STJ: "Processual Civil. Embargos de Declaração. Omissão, obscuridade e contradição inexistentes. Prequestionamento para fins de interposição de recurso extraordinário. Inviabilidade. 1. A solução correta e integral da controvérsia, com lastro em fundamento suficiente e na consonância do entendimento pacificado no Tribunal, não configura omissão, obscuridade ou contradição. 2. O prequestionamento, por meio de Embargos de Declaração, com vistas à interposição de Recurso Extraordinário, somente é cabível quando configuradas omissão, obscuridade ou contradição na decisão embargada. 4. Embargos de Declaração rejeitados" (RO nº 46/RJ, 2ª Turma. Rel. Min. Francisco Peçanha Martins. Julg. 06.12.2005. *DJ*, 13 fev. 2006).

[97] STJ: "Recurso Especial. Estado estrangeiro. Imunidade de jurisdição. Indenização. Regime nazista. Ato de império. – Alimentos concedidos pela República Federativa da Alemanha, a título de indenização por danos causados pelo regime Nazista. Tal pensão resulta de ato de império. – Ato de império de Estado Estrangeiro é imune à Justiça Brasileira. – Recurso improvido" (REsp nº 436.711/RS, 3ª Turma. Rel. Min. Humberto Gomes de Barros. Julg. 25.04.2006. *DJ*, 22 maio 2006).

No Recurso Ordinário nº 13/PE,[98] reiterou-se que Estado estrangeiro somente se submete à jurisdição nacional se renunciar expressamente à imunidade. A ação fora ajuizada contra a República de Portugal. Alegava-se tratamento discriminatório, que redundou em deportação. Pediu-se indenização por danos morais sofridos. Pretendia-se que Portugal renunciasse à imunidade, na certeza de que *a vontade soberana do demandado poderia relativizar a imunidade*. Ao interessado nacional em demandar contra Estado estrangeiro deve-se esclarecer da necessidade de se aguardar que o detentor de imunidade expressamente abra mão desta.

O autor alegava ter sido tratado com rispidez em Portugal. Ficou detido 8 horas em pequeno cubículo, o que qualificaria detenção em cárcere privado. Teve o passaporte retido. O passaporte foi carimbado com uma cruz negra e invalidado. Reclamava que teve também prejuízos materiais, que gastou dinheiro com passagens, que havia feito reservas em hotéis. Pedia 350 mil dólares. O processo foi extinto sem julgamento do mérito.

No recurso argumentou-se que a imunidade não poderia permitir restrições ao gozo de direitos fundamentais. No entanto, vingou a tese tradicional, isto é, a imunidade só é descartada se expressamente renunciada por seu titular.

No Recurso Ordinário nº 66/RJ,[99] a imunidade foi o contrapeso a ação de indenização proposta por descendente de vítima de ato de guerra de país beligerante.

---

[98] STJ: "Internacional, Civil e Processual. Ação de indenização movida contra a República de Portugal. Tratamento discriminatório e deportação de cidadãos brasileiros por inspetores da imigração em desembarque aeroportuário. Danos morais. Demanda movida perante a Justiça Federal de Pernambuco. Imunidade de jurisdição. Possibilidade de relativização, por vontade soberana do Estado alienígena. Prematura extinção do processo *ab initio*. Descabimento. Retorno dos autos à vara de origem para que, previamente, se oportunize ao Estado suplicado a eventual renúncia à imunidade de jurisdição. I. Enquadrada a situação na hipótese do art. 88, I, e parágrafo único, do CPC, é de se ter como possivelmente competente a Justiça brasileira para a ação de indenização em virtude de danos morais causados a cidadão nacional por Estado estrangeiro em seu território, desde que o réu voluntariamente renuncie à imunidade de jurisdição que lhe é reconhecida. II. Caso em que se verifica precipitada a extinção do processo de pronto decretada pelo juízo singular, sem que antes se oportunize ao Estado alienígena a manifestação sobre o eventual desejo de abrir mão de tal prerrogativa e ser demandado perante a Justiça Federal brasileira, nos termos do art. 109, II, da Carta Política. III. Recurso ordinário parcialmente provido, determinado o retorno dos autos à Vara de origem, para os fins acima" (RO nº 13/PE, 4ª Turma. Rel. Min. Aldir Passarinho Junior. Julg. 19.06.2007. *DJ*, 17 set. 2007).

[99] STJ: "Direito Internacional. Ação de indenização. Vítima de ato de guerra. Estado estrangeiro. Imunidade absoluta. 1 - A imunidade *acta jure imperii* é absoluta e não comporta exceção. Precedentes do STJ e do STF. 2 - Não há infelizmente como submeter a República Federal da Alemanha à jurisdição nacional para responder a ação de indenização por danos morais e materiais por ato de império daquele País, consubstanciado em afundamento de barco pesqueiro no litoral de Cabo Frio/RJ, por um submarino nazista, em 1943, durante a Segunda Guerra Mundial. 3 - Recurso ordinário conhecido e não provido" (RO nº 66/RJ, 4ª Turma. Rel. Min. Fernando Gonçalves. Julg. 15.04.2008. *DJe*, 19 maio 2008).

Proposta por vítima de afundamento de barco pesqueiro em Cabo Frio, em 1943, por parte de submarino alemão, a ação não prosperou, por força da doutrina da imunidade absoluta, que alberga atos de império.

Ao que consta, cerca de 20 embarcações teriam sido afundadas por submarino alemão, na mesma ocasião. Em 1944, um tribunal militar havia apreciado o fato, sem muitos desdobramentos, dado, especialmente, o desaparecimento dos navios que afundaram. Em 2001, ano em que se encontraram restos de alguns dos navios afundados, a Procuradoria da Marinha reabriu a discussão.

Quanto à ação de indenização, em 1ª instância ainda decidiu-se pela extinção do processo, sem julgamento de mérito, por força da imunidade absoluta, no caso de ato de gestão. Notificada, por meios diplomáticos, a Alemanha respondeu que não se submeteria à nossa jurisdição, naquele tipo de caso.

No Recurso Ordinário nº 64/SP,[100] continuou-se com a doutrina da imunidade absoluta embora alguns novos elementos começaram a ser colocados em pauta. Entre eles, o princípio da efetividade do processo, a dignidade da pessoa humana, o interesse do Brasil em julgar a causa, relendo-se o inciso I do art. 88 do CPC como indicativo de submissão de Estado estrangeiro à jurisdição brasileira.

O autor, francês naturalizado brasileiro, pretendia processar a Alemanha por sofrimentos que tivera ao longo da ditadura nazista. O respeito à dignidade da pessoa humana fora forte ingrediente no sentido de se conseguir o desdobramento do processo, que não prosperou. Segue a ementa:

> Direito Processual e Direito Internacional. Propositura, por francês naturalizado brasileiro, de ação em face da República Federal da Alemanha visando a receber indenização pelos danos sofridos por ele e por sua família, de etnia judaica, durante a ocupação do território francês na Segunda Guerra Mundial. Sentença do juízo de primeiro grau que extinguira o processo por ser, a autoridade judiciária brasileira, internacionalmente incompetente para o julgamento da causa. Reforma da sentença recorrida. – A competência (jurisdição) internacional da autoridade brasileira não se esgota pela mera análise dos arts. 88 e 89 do CPC, cujo rol não é exaustivo. Assim, pode haver processos que não se encontram na relação contida nessas normas, e que, não obstante, são passíveis de julgamento no Brasil. Deve-se analisar a existência de interesse da autoridade judiciária brasileira no julgamento da causa, na possibilidade de execução da respectiva sentença (princípio da

---

[100] STJ. RO nº 64/SP, 3ª Turma. Rel. Min. Nancy Andrighi. Julg. 13.05.2008. *DJe*, 23 jun. 2008.

efetividade) e na concordância, em algumas hipóteses, pelas partes envolvidas, em submeter o litígio à jurisdição nacional (princípio da submissão). – Há interesse da jurisdição brasileira em atuar na repressão dos ilícitos descritos na petição inicial. Em primeiro lugar, a existência de representações diplomáticas do Estado Estrangeiro no Brasil autoriza a aplicação, à hipótese, da regra do art. 88, I, do CPC. Em segundo lugar, é princípio constitucional basilar da República Federativa do Brasil o respeito à dignidade da pessoa humana. Esse princípio se espalha por todo o texto constitucional. No plano internacional, especificamente, há expresso compromisso do país com a prevalência dos direitos humanos, a autodeterminação dos povos e o repúdio ao terrorismo e ao racismo. Disso decorre que a repressão de atos de racismo e de eugenia tão graves como os praticados pela Alemanha durante o regime nazista, nas hipóteses em que dirigidos contra brasileiros, mesmo naturalizados, interessam à República Federativa do Brasil e podem, portanto, ser aqui julgados. – A imunidade de jurisdição não representa uma regra que automaticamente deva ser aplicada aos processos judiciais movidos contra um Estado Estrangeiro. Trata-se de um direito que pode, ou não, ser exercido por esse Estado. Assim, não há motivos para que, de plano, seja extinta a presente ação. Justifica-se a citação do Estado Estrangeiro para que, querendo, alegue seu interesse de não se submeter à jurisdição brasileira, demonstrando se tratar, a hipótese, de prática de atos de império que autorizariam a invocação desse princípio. Recurso ordinário conhecido e provido.

No Recurso Ordinário nº 70,[101] questionou-se da possibilidade de se processar Estado estrangeiro pelo fato de que não se autorizou desembarque de brasileiro que, além do visto de entrada, portava também dinheiro.

Na origem, ação proposta contra o governo da Nova Zelândia que, entre outros, segundo o autor, teria forçado o brasileiro a assinar declaração cujo conteúdo desconhecia, especialmente porque não lia em inglês. O visto foi revogado. Os documentos foram retidos e entregues ao comandante do avião que trouxe o autor de volta para o Brasil.

Em 1ª instância entendeu-se que a decisão do governo da Nova Zelândia qualificava ato de império, pelo que se determinou o arquivamento do feito, em função da inépcia da petição inicial. Segue a ementa:

> Direito processual e direito internacional. Propositura, por brasileiro, de ação em face do Estado da Nova Zelândia visando a receber indenização por danos morais e materiais, decorrentes da proibição de entrada

---
[101] STJ. RO nº 70/RS, 3ª Turma. Rel. Min. Nancy Andrighi. Julg. 27.05.2008. *DJe,* 23 jun. 2008.

naquele país, apesar da anterior concessão de visto de turismo. Sentença que extinguiu o processo, por inépcia da inicial. Possibilidade de citação do Estado estrangeiro. A imunidade de jurisdição não representa uma regra que automaticamente deva ser aplicada aos processos judiciais movidos contra um Estado Estrangeiro. Trata-se de um direito que pode, ou não, ser exercido por esse Estado. Assim, não há motivos para que, de plano, seja extinta a presente ação. Justifica-se a citação do Estado Estrangeiro para que, querendo, alegue seu interesse em não se submeter à jurisdição brasileira, demonstrando que a hipótese reproduz prática de ato de império que autoriza a invocação desse princípio. Recurso ordinário conhecido e provido.

No Recurso Ordinário nº 69/RS,[102] também se julgou questão semelhante à anteriormente descrita. No caso, menor brasileiro (15 anos de idade) não pôde desembarcar na Inglaterra, contra quem a ação fora proposta no Rio Grande do Sul. Em 1ª instância extinguiu-se o processo sem julgamento de mérito, dada a imunidade que obstaculizava a pretensão do interessado. Reproduzo a ementa:

> Ação indenizatória de danos patrimoniais e morais. Direito internacional público. Imunidade de jurisdição. Turista brasileiro. Ingresso em país estrangeiro. Impossibilidade. Deportação. 1. A questão relativa à imunidade de jurisdição, atualmente, não é vista de forma absoluta, sendo excepcionada, principalmente, nas hipóteses em que o objeto litigioso tenha como fundo relações de natureza meramente civil, comercial ou trabalhista. 2. Ação indenizatória proposta em desfavor de Estado estrangeiro ao argumento de ter sido indevida e desproposidada a deportação de turista brasileiro atrai a imunidade jurisdicional em relação ao aludido Estado, visto que se trata de questão atinente à soberania estatal. 3. Reconhecida a imunidade de jurisdição, há de dar-se oportunidade ao Estado estrangeiro para que manifeste sua opção pelo direito à imunidade jurisdicional ou pela renúncia a essa prerrogativa. 4. Recurso ordinário conhecido e provido.

No Recurso Ordinário nº 57/RJ,[103] julgou-se importantíssima questão de fundo político.

Tratava-se de pedido de indenização contra os Estados Unidos proposto pela família do presidente deposto João Goulart. Alegou-se

---

[102] STJ. RO nº 69/RS, 4ª Turma. Rel. Min. João Otávio de Noronha. Julg. 10.06.2008. DJe, 23 jun. 2008.

[103] STJ. RO nº 57/RJ, 3ª Turma. Rel. Min. Nancy Andrighi. Rel. p/ acórdão Min. Aldir Passarinho Junior. Julg. 21.08.2008. DJe, 14 set. 2009.

que os Estados Unidos participaram do movimento que depôs João Goulart em 1964. Como prova, entre outras, passagem do livro de Lindon Gordon, que teria confessado a participação dos Estados Unidos no golpe de 1964. Por lado, não havia como se precisar se o Senado norte-americano havia aprovado tais atos.

Em função de que a aludida participação qualificaria um ato de império a impossibilidade jurídica do pedido proibia o processamento do pedido da Senhora Maria Thereza Fontella Goulart e seus filhos. Segue a ementa:

> Internacional, Civil e Processual. Ação de indenização movida contra os Estados Unidos da América do Norte. Intervenção de caráter político e militar em apoio à deposição do Presidente da República do Brasil. Danos morais e materiais. Demanda movida perante a Justiça Federal do Estado do Rio de Janeiro. Ato de império. Imunidade de jurisdição. Possibilidade de relativização, por vontade soberana do Estado alienígena. Prematura extinção do processo *ab initio*. Descabimento. Retorno dos autos à vara de origem para que, previamente, se oportunize ao Estado suplicado a eventual renúncia à imunidade de jurisdição. I. Enquadrada a situação na hipótese do art. 88, I, e parágrafo único, do CPC, é de se ter como possivelmente competente a Justiça brasileira para a ação de indenização em virtude de danos morais e materiais alegadamente causados a cidadãos nacionais por Estado estrangeiro em seu território, decorrentes de ato de império, desde que o réu voluntariamente renuncie à imunidade de jurisdição que lhe é reconhecida. II. Caso em que se verifica precipitada a extinção do processo de pronto decretada pelo juízo singular, sem que antes se oportunize ao Estado alienígena a manifestação sobre o eventual desejo de abrir mão de tal prerrogativa e ser demandado perante a Justiça Federal brasileira, nos termos do art. 109, II, da Carta Política. III. Precedentes do STJ. IV. Recurso ordinário parcialmente provido, determinado o retorno dos autos à Vara de origem, para os fins acima.

No Recurso Ordinário nº 74/RJ,[104] retomou-se a questão dos navios afundados por submarino alemão em 1943. O ato fora praticado dentro do território brasileiro. Seus desdobramentos afetavam questões de direitos humanos, o que, no plano internacional, geraria responsabilidade civil e eventual fixação de jurisdição.

---

[104] STJ: "Direito Internacional. Ação de indenização. Vítima de ato de guerra. Estado estrangeiro. Imunidade. 1 - O Estado estrangeiro, ainda que se trate de ato de império, tem a prerrogativa de renunciar à imunidade, motivo pelo qual há de ser realizada a sua citação. 2 - Recurso ordinário conhecido e provido para determinar a volta dos autos ao juízo de origem" (RO nº 74/RJ, 4ª Turma. Rel. Min. Fernando Gonçalves. Julg. 21.05.2009. *DJe*, 08 jun. 2009).

Na origem, pedido de pagamento de indenização pela morte de um tio da autora, no valor mensal de três salários mínimos, bem como de uma condenação de R$1 milhão por danos morais, e de R$5 milhões aos demais descendentes do autor. Nada obstante tenha-se discutido se a imunidade deveria se sobrepor a norma de *jus cogens*, de hierarquia superior, manteve-se a impossibilidade de processar Estado estrangeiro por ato de império.

No Recurso Ordinário nº 78/SC,[105] permanecia o STJ firme na tese da necessidade de renúncia expressa de imunidade. Uma tradutora juramentada que vivia em Santa Catarina ajuizou ação de indenização por danos patrimoniais contra a República Italiana.

O consulado da Itália em Santa Catarina se recusava a autenticar documentos juramentados traduzidos pela autora. Tratava-se de uma tradutora pública e intérprete comercial do idioma italiano. Teria denunciado o cônsul honorário da Itália por irregularidades.

Ao que consta, sofria reprimendas, era perseguida, e por isso seus documentos eram recusados. Na 3ª Vara da Justiça Federal de Florianópolis extinguiu-se a ação sem julgamento de mérito. A Itália não respondeu a provocações processuais supervenientes, a exemplo do recurso. É que o ato de recusa de aceitação de documentos não é ato de natureza privada.

No Recurso Ordinário nº 100/RS,[106] entendeu-se que critério para fornecimento de documentos é ato de império, o que não permite a quebra da imunidade. A autora da ação, ao que consta, necessitava de alguns documentos no consulado italiano para que providenciasse abertura de inventário.

---

[105] STJ: "Ação Indenizatória de Danos Patrimoniais. Direito Internacional Público. Imunidade de jurisdição. Tradutor juramentado. Recusa de autenticação de documentos traduzidos pela embaixada estrangeira. 1. A questão relativa à imunidade de jurisdição, atualmente, não é vista de forma absoluta, sendo excepcionada, principalmente, nas hipóteses em que o objeto litigioso tenha como fundo relações de natureza meramente civil, comercial ou trabalhista. 2. Ação indenizatória proposta em desfavor de Estado estrangeiro, ao argumento de ter recusado autenticação de documentos traduzidos por pessoa hábil à realização de tal trabalho, atrai a imunidade jurisdicional em relação ao aludido Estado, visto que se trata de questão atinente à soberania estatal. 3. O silêncio do representante diplomático ou do próprio Estado estrangeiro para vir compor a relação jurídico-processual não importa em renúncia à imunidade de jurisdição. 4. Recurso ordinário desprovido" (RO nº 78/SC, 4ª Turma. Rel. Min. João Otávio de Noronha. Julg. 18.08.2009. *DJe*, 08 set. 2009).

[106] STJ. RO nº 100/RS, 2ª Turma. Rel. Min. Aldir Passarinho Junior. Julg. 04.03.2010. *DJe*, 18 mar. 2010.

Sob o argumento de que as informações pretendidas se referiam a *segredo de Estado*, negou-se a entrega dos documentos. Julgou-se a inicial inepta, por força da impossibilidade jurídica do pedido. Segue a ementa:

> Recurso Ordinário – Ação cautelar de exibição de documentos – Direito Internacional Público – Documentos em poder da República da Itália – Alegação de segredo de Estado – Classificação pautada em ato de império – Soberania – Imunidade absoluta – Indeferimento da inicial – Desnecessidade de citação da recorrida. 1. A adoção de critérios para conferir segredo de Estado a documentos faz parte da soberania de qualquer nação independente dotada de organização jurídica e política. 2. Apesar de defasada a classificação dos atos do Estado como de império ou de gestão, visto que a sua personalidade é uma, tem-se que, em relação à sindicabilidade dos atos pelo Poder Judiciário, tal distinção apresenta aplicabilidade prática, especialmente quando se trata de ato de República estrangeira. 3. Se a República da Itália considera sob segredo de Estado os documentos cuja exibição se pretende, e reputa a recorrente inimiga da nação, ambos atos de império, não pode o Poder Judiciário brasileiro afastar a opção política daquele Estado estrangeiro, em face de sua imunidade absoluta no que toca *acta jure imperii*. 4. "*Imunidade de jurisdição em favor dos Estados estrangeiros que não podem ser citados para responder a processo dessa natureza*" (grifo meu). Precedente: Pet 2537 QO, Rel. Min. Néri da Silveira, Tribunal Pleno do STF, julgado em 26.11.2001, DJ 8.3.2002 PP-00054 EMENT. VOL-02060-01 PP-00060. 5. "À luz do art. 296, com a redação dada pela Lei n. 8.952, *o réu não é mais citado para acompanhar a apelação interposta contra sentença de indeferimento da petição inicial*. Mesmo na fase recursal, o feito prossegue apenas de forma linear – autor/juiz. O réu poderá intervir, mas sem necessidade de devolução de prazos recursais, porque o acórdão que reforma a sentença de indeferimento não chega a atingi-lo, pois, devolvidos os autos à origem, proceder-se-á à citação e, em resposta, poderá o réu alegar todas as defesas que entender cabíveis, inclusive a inépcia da inicial" (grifo meu). Precedente: REsp 507.301/MA, Rel. Min. João Otávio de Noronha, Segunda Turma do STJ, julgado em 13.3.2007, DJ 17.4.2007, p. 286. Recurso ordinário improvido.

CONCLUSÕES

Quanto às questões fáticas, colocadas no início do trabalho, segue uma tentativa de sistematizá-las, com esboço de conjunto de respostas.

Afirma-se que pode ser proposta ação de execução fiscal contra embaixada pelo não recolhimento do IPTU. No entanto, dada a imunidade em favor de Estado estrangeiro há poucas possibilidades de que a ação prospere, especialmente em face de existência de reciprocidade. Na hipótese de trânsito em julgado da decisão, contra a embaixada, o regime de execução efetiva não se desdobraria, por força da impenhorabilidade dos bens da executada. Além do que, deve-se reconhecer que a embaixada teria dificuldades de protocolar embargos porquanto não poderia ter garantido o juízo, por força da já mencionada impenhorabilidade de seus bens. Processualmente prosaica, seria uma exceção de pré-executividade.

Em princípio, o INSS pode se recusar a fornecer certidão negativa a Embaixada, pelo não recolhimento de contribuições previdenciárias. É que a legislação interna compara as embaixadas às empresas. Tal exigência, no entanto, não é aplicável aos servidores da embaixada, nacionais da Legação, e que recolhem previdência em seus Estados de origem. Embaixadas, assim, devem recolher INSS em favor de seus funcionários subsumidos ao regime geral da previdência social aqui no Brasil.

O Programa das Nações Unidas para o Desenvolvimento (PNUD) deve recolher o INSS de seus funcionários por não deter a mesma natureza jurídica de um Estado estrangeiro. Não há imunidade neste caso.

O DETRAN poderia, também em princípio, recolher automóvel de embaixada, como penalidade pelo não recolhimento de multas de trânsito. É que recente alteração normativa (por meio de Resolução CONTRAN, como visto) suscita mais energia no controle de automóveis de propriedade de Estado estrangeiro. Haveria ambiente para discussão entre o Estado cujo automóvel fora apreendido (por tal razão) e as autoridades brasileiras. A multa de trânsito, no entanto, não é tributo, é mera sanção administrativa, pelo que possível sua cobrança. São meios alternativos de composição que deveriam orientar a solução para o problema.

Reclamações trabalhistas podem ser propostas contra embaixadas e consulados, bem como contra diplomatas e cônsules. A dificuldade se encontra na liquidação da sentença, se eventualmente favorável ao reclamante.

A imunidade de jurisdição tem feição cognitiva, isto é, é ligada à possibilidade de se julgar causa na qual o Estado estrangeiro seja demandado. A imunidade de execução é decorrente da impossibilidade de se penhorar e de se levar a leilão bem que pertença a Estado estrangeiro. Com a diferenciação pode-se problematizar a doutrina da instrumentalidade do processo. Se o objetivo de um processo consiste na realização de um fim, tem-se que a impossibilidade fática de execução esvazia os meios para se alcance o pretendido com a movimentação da máquina judicial.

Assim, uma teoria de imunidade relativa poderia qualificar mera aporia, na medida em que de nada vale se declarar competente para dizer um direito, sem que se tenha condições concretas para aplicá-lo.

À luz do direito brasileiro as Convenções de Viena outorgariam isenções, e não imunidades. É que imunidades radicam em permissivo constitucional e isenções em permissivos legais. Tratados internacionais se equiparam à legislação interna.

Há precedente (do STF) que vedou pretensão da União, no sentido de executar multa aduaneira em face de consulado estrangeiro, num caso que envolveu Brasil e Alemanha.

Também há precedente (do mesmo Sodalício) no sentido de que não se pode executar Estado estrangeiro no Brasil por conta do não cumprimento de promessa de recompensa.

A justiça do trabalho é competente para julgar questões trabalhistas contra Estado estrangeiro, nos termos do inciso I do art. 114 da Constituição de 1988, redação dada pela Emenda Constitucional nº 45, de 30.12.2004.

O Distrito Federal, os Estados e os Municípios podem ajuizar execuções fiscais contra Estados estrangeiros pelo não recolhimento dos tributos de suas respectivas competências. O problema, no entanto, é que haverá uma quase impossibilidade de execução das sentenças. De igual modo, a mesma solução se aplica no caso de autarquias, federais, estaduais, distritais e municipais.

A representação processual das embaixadas em ações que correm na justiça brasileira pode ser feita pela AGU, em regime de reciprocidade.

Embaixadores e cônsules podem receber citação, especialmente porque representam seus respectivos países. Deve-se observar, caso a caso, quem detém poderes para receber citações em nome de Estado estrangeiro.

Custas judiciais são tributos. Assim, em princípio, custas são atingidas pelas imunidades que alcançam Estados estrangeiros.

Por força de disposições convencionais, imunidades não alcançam tributos indiretos, isto é, tributos sobre consumo, a exemplo do ICMS. Há, no entanto, em alguns casos, disposições legais específicas, a exemplo de norma do Distrito Federal referente a não incidência em relação a materiais de construção civil, de uso de embaixadas.

Não se pode fazer penhora ou arresto de bem de Estado estrangeiro quando a obrigação radica em ato de império. Há tendência de se admitir tal possibilidade quando a obrigação radica em ato de gestão.

O requisito de expropriabilidade consiste na identificação de bens que tenham outra destinação, que não a guarnição de embaixadas e consulados. Isto é, trata-se da correta identificação de bem que possa ser penhorado, em execução movida contra Estado estrangeiro.

Não se pode falar em arrolamento de bens de Estado estrangeiro, por parte da Receita Federal, porquanto o arrolamento é modalidade de preparação para constrição, bem como de monitoramento de atividade do devedor, com vistas à garantia de satisfação de execução futura.

Não há óbices para penhora de bem particular de diplomata ou de cônsul em execução fiscal tributária, previdenciária e trabalhista, bem como em ações de execução pelo descumprimento de cláusula contratual, ou em ações de cobrança, se os motivos que ensejaram as ações não se refiram a atos de império do Estado ao qual pertença o executado.

Ainda que inusitada a situação, em princípio, há possibilidade de ajuizamento de ações de despejo contra embaixada ou consulado pelo não recolhimento de aluguéis. Trata-se de mero negócio de contornos contratuais e de obrigações recíprocas. A vedação ensejaria gravames para o locador, bem como, num contexto de avaliação das instituições, repercutiria negativamente no mercado imobiliário.

Por força de disposição do CTN, a responsabilidade pelo recolhimento do IPTU, na hipótese de locação de particular para embaixada, é do particular. É que convenções particulares (no caso, eventual e absurda cláusula fixadora do recolhimento da exação por parte da locatária) não podem ser opostas ao fisco. Além do que, a responsabilidade, no caso, é subjetiva, isto é, alcança ao proprietário do imóvel, e não o locatário.

A justiça brasileira não é competente para julgar pedido de indenização contra país estrangeiro por retenção do reclamante no aeroporto e subsequente e compulsório retorno ao Brasil, sem qualquer explicação, por parte das autoridades do país reclamado. É que as referidas autoridades praticavam atos de império, e não de gestão, qualificadores e indicadores de soberania.

A justiça brasileira também não detém competência para processar, até o fim, ação de cobrança de honorários de advogado em face de Estado estrangeiro.

Para fins de defesa nacional ou de utilidade pública pode-se falar em desapropriação de local de Missão, o que deve ser procedido de intensa negociação entre os Estados interessados.

E também por questões de soberania não cabe *habeas data* contra Estado estrangeiro para entrega de documentos mantidos em segredo de Estado, quando o pedido se fundamenta na necessidade de instrução de autos de inventário, ou em qualquer outra hipótese.

As imunidades que alcançam diplomatas e cônsules não se referem, necessariamente, ao cônsul honorário.

Percebe-se que, num primeiro (e longo) momento havia resistência jurisprudencial à possibilidade de ajuizamento de ações (inclusive de execução fiscal) em face de Estado estrangeiro. Vencida esta oposição, levantando-se a imunidade de jurisdição, verifica-se novo obstáculo, no sentido de que se tenha, efetivamente, certa imprestabilidade no processo executório, porquanto não se pode ter acesso aos bens de Estado executado.

A imunidade diplomática é gênero, do qual são espécies a imunidade fiscal, a imunidade de jurisdição, a imunidade de execução, bem como de outros privilégios que marcam a atividade diplomática, em matéria penal e de sigilo de correspondência.

Normas e costumes internacionais sobre imunidade de jurisdição são *jus cogens*, embora, reconheça-se, em tema de execução, estão no limbo entre a cogência absoluta e a flexibilidade fática do *soft law*.

Tem-se, assim, situação de total incerteza, na medida toda a movimentação do Poder Judiciário interno resultaria, efetivamente, numa impossibilidade fática, nos casos indicados ao longo do trabalho. Como observado no início, há necessidade de concepção de um novo modelo, provavelmente centrado no MRE, ainda que com o apoio da AGU, por meio do qual o próprio Itamaraty buscasse meio alternativos de compor a cobrança, bem entendido, nas hipóteses de inexistência de situação identificadora de imunidade fiscal, a exemplo de circunstâncias típicas de tributos vinculados a atos de gestão, e não de império.

O problema sugere modalidade de solução pacífica de controvérsia, num contexto internacional de ampla negociação, isto é, "a negociação diplomática compreende as iniciativas dos próprios Estados envolvidos para equacionarem o máximo possível suas controvérsias".[107]

Até porque, "no plano das relações internacionais, há a aceitação consensual de que os Estados são os atores legítimos na promoção dos interesses dos cidadãos, das empresas e dos conglomerados que estão dentro de seu território";[108] não se vislumbra, assim, objetivamente, interesse fiscal que justifique tributação de Estado estrangeiro.

É o que se conclui no presente ensaio, isto é, a necessidade de um modelo de composição entre Estados, a partir do Ministério das Relações Exteriores, e não no contexto convencional judiciário, que não alcança as situações fáticas que se colocam cotidianamente. Tudo, evidentemente, a partir de superior premissa que informa a matéria, isto é, o princípio da reciprocidade.

---

[107] VARELLA. *Direito internacional público*, p. 401.
[108] OLIVEIRA. *Política externa brasileira*, p. 3.

REFERÊNCIAS

ACCIOLY, Hildebrando; SILVA, Geraldo Eulalio do Nascimento e; CASELLA, Paulo Borba. *Manual de direito internacional público*. 17. ed. São Paulo: Saraiva, 2009.

ARAUJO, Nadia de. *Direito internacional privado*: teoria e prática brasileira. 4. ed. atual. ampl. Rio de Janeiro: Renovar, 2008.

BARRAL, Welber. *Direito internacional*: normas e práticas. Florianópolis: Boiteux, 2006.

BEVILÁQUA, Clóvis. Pareceres. *In*: MEDEIROS, Antônio Paulo Cachapuz de (Org.). *Pareceres dos consultores jurídicos do Itamaraty*. Brasília: Senado Federal; Conselho Editorial, 2004.

BRASIL. Ministério das Relações Exteriores. *Manual de normas e procedimentos de privilégios e imunidades*: guia prático para o corpo diplomático acreditado no Brasil. Brasília: Coordenação-Geral de Privilégios e Imunidades, 2010. Disponível em: <http://sistemas.mre.gov.br/kitweb/datafiles/Cgpi/pt-br/file/Manual_CGPI__2010_v37%20_final_.pdf>. Acesso em: 20 set. 2012.

CASTRO, Flávio Mendes de Oliveira; CASTRO, Francisco Mendes de Oliveira. *1808-2008*: dois séculos de história da organização do Itamaraty. Brasília: Fundação Alexandre de Gusmão, 2009. 2 v.

CRETELLA NETO, José. *Teoria geral das organizações internacionais*. São Paulo: Saraiva, 2007.

DALLARI, Pedro Bohomoletz de Abreu. *Constituição e tratados internacionais*. São Paulo: Saraiva, 2003.

DIXON, Martin. *Textbook on International Law*. 4th ed. London: Blackstone Press, 2000.

DOLINGER, Jacob. *Direito internacional privado*: parte geral. 5. ed. ampl. atual. Rio de Janeiro: Renovar, 1997.

FERREIRA JÚNIOR, Lier Pires; CARDOSO JÚNIOR, Luís Eduardo Queiroz. Introdução ao direito processual civil internacional. *In*: FERREIRA JÚNIOR, Lier Pires; CHAPARRO, Verônica Zárate (Coord.). *Curso de direito internacional privado*. 2. ed. Rio de Janeiro: Freitas Bastos, 2008.

FONTOURA, Jorge. Imunidade de jurisdição dos Estados estrangeiros e de seus agentes: uma leitura ortodoxa. *In*: GARCIA, Márcio P. P.; MADRUGA FILHO, Antenor Pereira (Coord.). *A imunidade de jurisdição e o Judiciário brasileiro*. Brasília: CEDI, 2002.

FRAGA, Mirtô. *O conflito entre tratado internacional e norma de direito interno*: estudo analítico da situação do tratado na ordem jurídica brasileira. 3. tiragem. Rio de Janeiro: Forense, 2001.

GARCIA, Márcio P. P.; MADRUGA FILHO, Antenor Pereira (Coord.). *A imunidade de jurisdição e o Judiciário brasileiro*. Brasília: CEDI, 2002.

GOLDSMITH, Jack L.; POSNER, Eric A. *The Limits of International Law*. Oxford; New York: Oxford University Press, 2005.

HAMILTON, Keith; LANGHORNE, Richard. *The Practice of Diplomacy*: Its Evolution, Theory, and Administration. London: Routledge, 1995.

JANIS, Mark W. *An Introduction to International Law*. 3rd ed. Gaithersburg: Aspen Law & Business, 1999.

MADRUGA FILHO, Antenor Pereira. *A renúncia à imunidade de jurisdição pelo Estado brasileiro e o novo direito da imunidade de jurisdição*. Rio de Janeiro: Renovar, 2003.

MAGALHÃES, José Carlos de. *O Supremo Tribunal Federal e o direito internacional*: uma análise crítica. Porto Alegre: Livraria do Advogado, 2000.

MAZZUOLI, Valerio de Oliveira. *Direito dos tratados*. São Paulo: Revista dos Tribunais, 2011.

MELLO, Celso Duvivier de Albuquerque. *Curso de direito internacional público*. 12. ed. rev. aum. Rio de Janeiro: Renovar, 2000. 2 v.

MONGIARDIM, Maria Regina. *Diplomacia*. Coimbra: Almedina, 2007.

OLIVEIRA, Henrique Altemani de. *Política externa brasileira*. São Paulo: Saraiva, 2005.

PAULSEN, Leandro. *Direito tributário*: Constituição e Código Tributário à luz da doutrina e da jurisprudência. 13. ed. Porto Alegre: Livraria do Advogado; Esmafe, 2011.

PORTELA, Paulo Henrique Gonçalves. *Direito internacional público e privado*. Salvador: JusPodivm, 2009.

RANGEL, Vicente Marotta. Os conflitos entre o direito interno e os tratados internacionais. *Revista da Faculdade de Direito de São Paulo*, v. 62, n. 2, p. 81-134, 1967.

RECHSTEINER, Beat Walter. *Direito internacional privado*: teoria e prática. 12. ed. rev. atual. São Paulo: Saraiva, 2009.

REZEK, José Francisco. A imunidade das organizações internacionais no século XXI. *In*: GARCIA, Márcio P. P.; MADRUGA FILHO, Antenor Pereira (Coord.). *A imunidade de jurisdição e o Judiciário brasileiro*. Brasília: CEDI, 2002.

REZEK, José Francisco. *Direito internacional público*: curso elementar. 10. ed. rev. atual. São Paulo: Saraiva, 2005.

SEITENFUS, Ricardo (Org.). *Legislação internacional*. 2. ed. Barueri: Manole, 2009.

SOARES, Guido Fernando da Silva. Origens e justificativas da imunidade de jurisdição. *In*: GARCIA, Márcio P. P.; MADRUGA FILHO, Antenor Pereira (Coord.). *A imunidade de jurisdição e o Judiciário brasileiro*. Brasília: CEDI, 2002.

STRENGER, Irineu. *Direito internacional privado*. 3. ed. aum. São Paulo: LTr, 1996.

TORRES, Ricardo Lobo. *Tratado de direito constitucional financeiro e tributário*. Rio de Janeiro: Renovar, 2005. v. 2. Valores e princípios constitucionais tributários.

VALADÃO, Marcos Aurélio Pereira. *Limitações constitucionais ao poder de tributar e tratados internacionais*. Belo Horizonte: Del Rey, 2000.

VARELLA, Marcelo D. *Direito internacional público*. São Paulo: Saraiva, 2009.

Esta obra foi composta em fonte Palatino Linotype, corpo 10
e impressa em papel Offset 75g (miolo) e Supremo 250g (capa)
pela Gráfica Digital Page.
São Paulo/SP, outubro de 2012.